"青少年互联网素养"丛书

互联网创新创业
我的创富梦

HULIANWANG CHUANGXIN CHUANGYE
WO DE CHUANGFU MENG

主　　编■吕厚超
副主编■李　敏　丁　乙　谢如月　李佳仪
本书编委■毛忆晨　刘晓雨　李秋华　杨艺琳
　　　　　杨简绿　郝　雨　宫俊如　聂琳力
　　　　　龚映雪　董贝贝

西南师范大学出版社
国家一级出版社　全国百佳图书出版单位

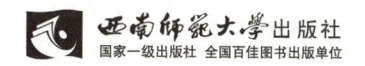

图书在版编目（CIP）数据

互联网创新创业：我的创富梦 / 吕厚超主编 . --
重庆：西南师范大学出版社，2020.12
（"青少年互联网素养"丛书）
ISBN 978-7-5697-0624-6

Ⅰ.①互… Ⅱ.①吕… Ⅲ.①互联网络—应用—创业
—青少年读物 Ⅳ.① F241.4-39

中国版本图书馆 CIP 数据核字（2021）第 000565 号

"青少年互联网素养"丛书
策　划：雷　刚　郑持军
总主编：王仕勇　高雪梅

互联网创新创业：我的创富梦

HULIANWANG CHUANGXIN CHUANGYE: WO DE CHUANGFU MENG

主　编：吕厚超
副主编：李　敏　丁　乙　谢如月　李佳仪

责任编辑：鲁　艺
责任校对：时曼卿
装帧设计：张　晗
排　　版：重庆允在商务信息咨询有限公司
出版发行：西南师范大学出版社
　　　　　地址：重庆市北碚区天生路 2 号
　　　　　邮编：400715
　　　　　市场营销部电话：023-68868624
印　　刷：重庆市美尚印务有限公司
幅面尺寸：170 mm × 240 mm
印　　张：10.25
字　　数：160 千字
版　　次：2021 年 4 月　第 1 版
印　　次：2021 年 4 月　第 1 次印刷
书　　号：ISBN 978-7-5697-0624-6

定　价：35.00 元

"青少年互联网素养"丛书编委会

策　划：雷　刚　　郑持军
总主编：王仕勇　　高雪梅

编　委（按拼音排序）

曹贵康　曹雨佳　陈贡芳
段　怡　阿海燕　高雪梅
赖俊芳　雷　刚　李萌萌
刘官青　刘　娴　吕厚超
马铃玉　马宪刚　孟育耀
王仕勇　魏　静　严梦瑶
余　欢　曾　珠　张成琳
郑持军

总 序

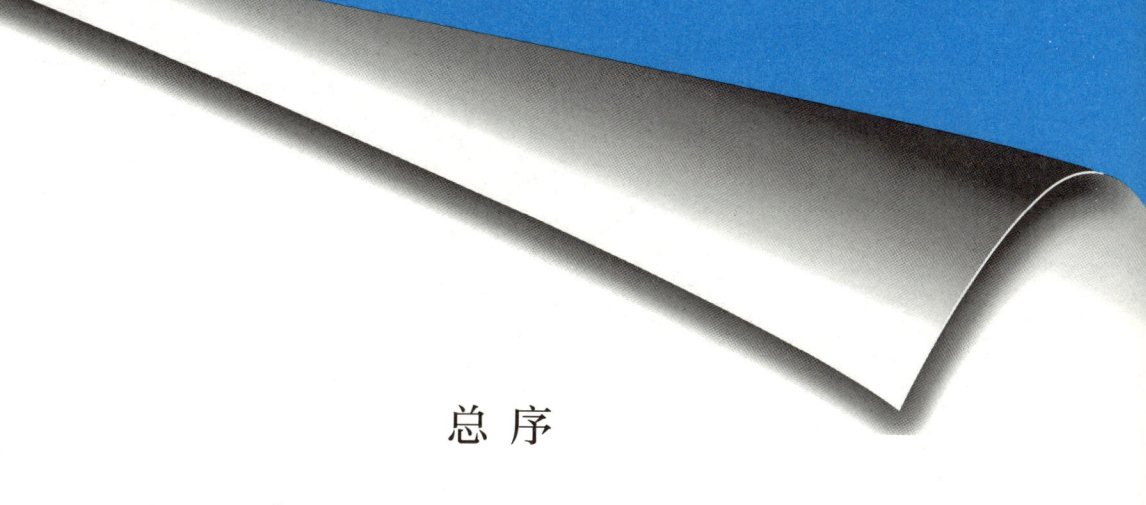

互联网素养：数字公民的成长必经路

在一个风起云涌、日新月异的科技革命时代，互联网已经深刻地改变了，并将继续改变整个世界，其意义无需再赘言。我们不禁想起梁启超一百多年前的《少年中国说》："少年智则国智，少年富则国富，少年强则国强，少年独立则国独立，少年自由则国自由，少年进步则国进步，少年胜于欧洲则国胜于欧洲，少年雄于地球则国雄于地球。"

今日之中国少年，恰逢互联网盛世，在互联网的包围下成长，汲取着互联网的乳液，其学习、生活乃至将来的工作，必定与互联网有着难分难解的关系。当然，兼容开放的互联网虚拟世界也不全是正面的，社会的种种负面的东西也渗透其中，如何取其精华而弃其糟粕，切实增进青少年的信息素养，已成为这个时代的紧迫课题。

互联网素养已成为未来公民生存的必备素养。正确认知互联网及互联网文化的本质，加速形成自觉、健全、成熟的互联网意识，自觉树立正面、健康、积极的互联网观，在学习、生活、交友和成长过程中迅速掌握互联网技巧，熟练运用互联网技能，自觉吸纳现代信息科技知识，助益个人成长，规避不良影响，培育互联网素养，成为合格的数字公民，已成为时代、国家和社会对广大青少年朋友们提出的要求。

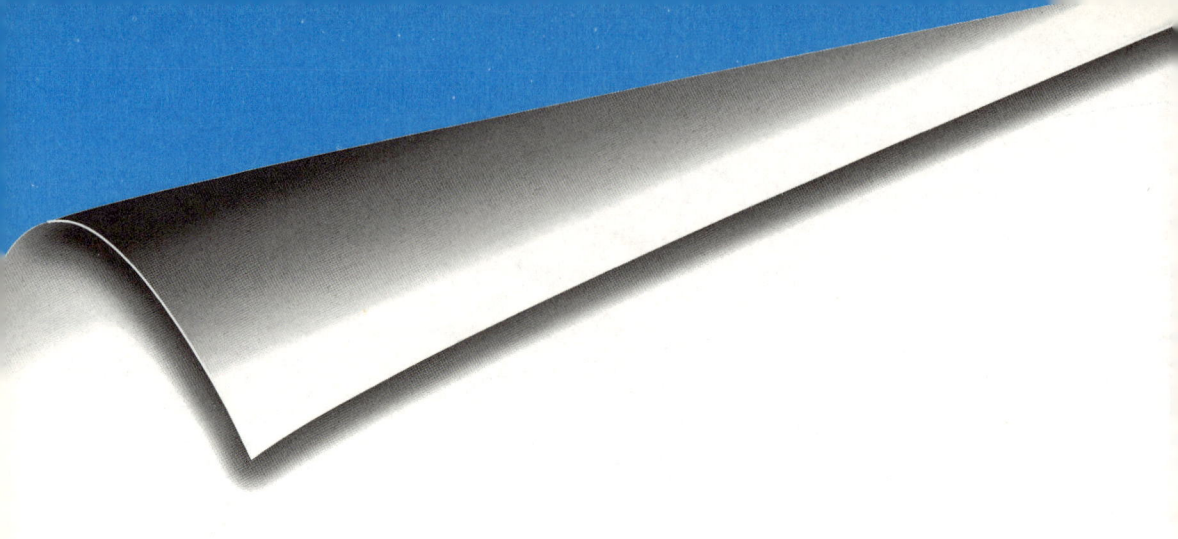

党和政府一直高度重视信息产业技术革命，高度重视青少年信息素养培育工作，高度重视营造良好的青少年互联网成长环境，不仅大力普及互联网技术，推动互联网与各行各业融合发展，而且将信息素养提升到了青少年核心素养的高度，并制定了《全国青少年网络文明公约》等法律规章，对青少年的互联网素养培育提出了殷切的希望。我们策划的这套丛书，正是响应时代、国家和社会的要求，将互联网素养与青少年成长相结合而组织编写的、成系列的青少年科普读物，包括了互联网简史、互联网安全、互联网文明、互联网心理、互联网创新创业、互联网学习、互联网交际、互联网传播、互联网文化多个方面主题。

少年强则国强，希望广大青少年朋友们能早日成为合格的数字公民，为建设网络强国，实现民族腾飞梦而贡献出自己的力量，愿广大青少年在互联网时代劈波斩浪！

雷　刚

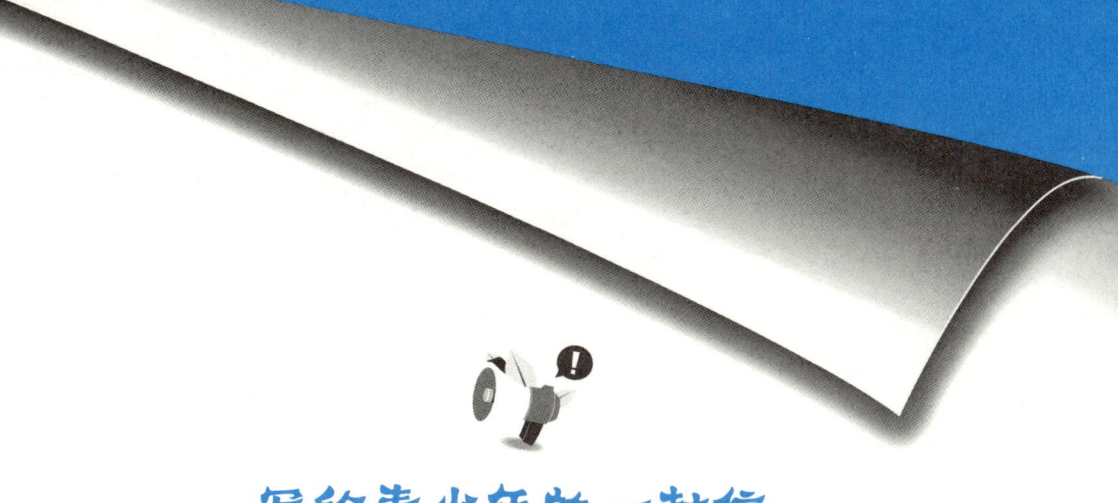

写给青少年的一封信

亲爱的青少年朋友：

你好！

欢迎打开互联网新经济知识的"大门"，与我们一起遨游知识的海洋。我们都知道，21世纪是互联网的世纪，这个世界也因为互联网而发生了翻天覆地的变化。当我们环顾四周时就能发现，互联网早已融入我们的生活：通过社交软件联系朋友；通过在线学习平台进行网上学习；通过各式各样的软件完成支付、打车、订票；等等。我们现在的生活已经越来越离不开互联网了。

互联网在为人们的生活提供巨大便利的同时，也创造着惊人的财富，许多企业家正是凭借互联网才取得了成功。平时我们思考的都是互联网能带给我们什么，现在不妨转变一下思维，想想我们能用互联网干些什么呢？我们能用互联网去实现一些自己的想法吗？我们能像那些企业家一样用互联网创造财富吗？

在思考这些问题的时候，我们其实已经涉及互联网新经济的领域了。互联网时代充满了机会，我们都曾幻想自己能够"一战成名"，利用自

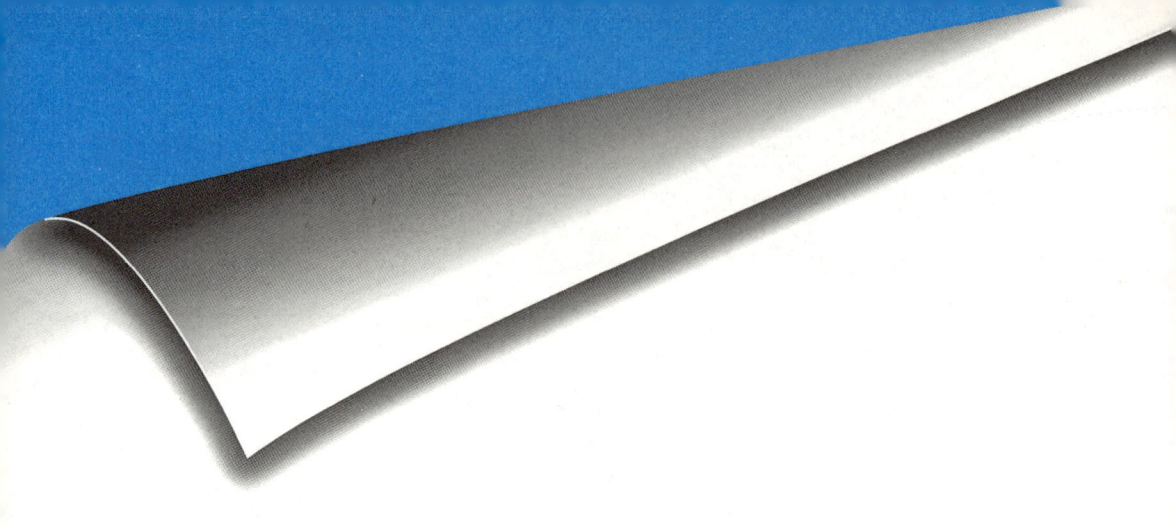

己独特的想法为整个社会创造价值，但是把想法落实到现实生活中，还有很多困难需要克服的。我们青少年没有太多的人生阅历，对互联网和经济领域的知识储备也不足，但这并不能阻挡我们积极进取的脚步。

如果你恰好想利用互联网实现自己的抱负，又苦于没有途径了解互联网新经济的知识，那么请一定坚持读完本书。本书将带你了解那些关于互联网新经济的小知识，为你将来的创业"撑腰"、助力。

接下来就让我们跟着本书一起揭开互联网新经济的真面目吧！相信你在这个过程中一定会有所收获的！

目 录

第一章　经济发展"金钥匙"　001
第一节　互联网把地球变成"地球村"　002
第二节　互联网——生命不可承受之重　008
第三节　商业模式变变变　015

第二章　对互联网经济"Say hello"　023
第一节　从"心"出发　024
第二节　"虚拟世界"需要真东西　033
第三节　小心"网络狂徒"　040

第三章　商业机会面面观　047
第一节　"火眼金睛"抓机遇　048
第二节　"深谋"才能无虑　054
第三节　商业也需"秒杀"　061

第四章　网络理财，馅饼还是陷阱？　　071

第一节 网络消费宜适度　　072

第二节 理财观念早树立　　077

第三节 实践才能出真知　　082

第五章　商海无涯学为本　　091

第一节 知识就是力量　　092

第二节 我们该怎么学习呢　　096

第三节 团结就是力量　　105

第六章　"突发奇想"新思维　　111

第一节 寻常之中寻亮点　　112

第二节 创新第一驱动力　　119

第三节 行动方为指南针　　126

第七章　抓住机遇迎挑战　　133

第一节 网络安全学问知多少　　134

第二节 课堂内外我参与　　138

第三节 勇迎挑战我争先　　143

第一章

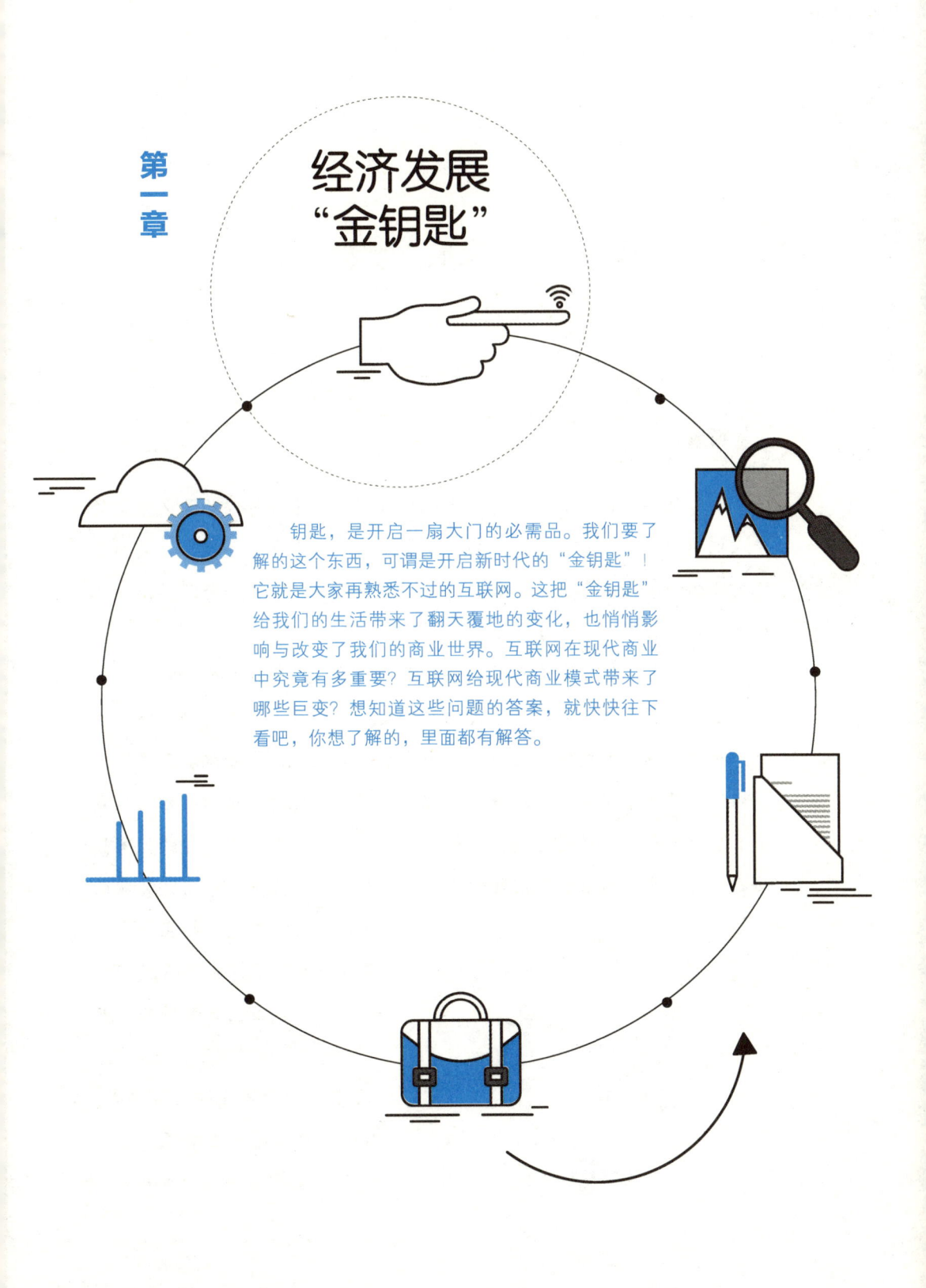

经济发展"金钥匙"

钥匙，是开启一扇大门的必需品。我们要了解的这个东西，可谓是开启新时代的"金钥匙"！它就是大家再熟悉不过的互联网。这把"金钥匙"给我们的生活带来了翻天覆地的变化，也悄悄影响与改变了我们的商业世界。互联网在现代商业中究竟有多重要？互联网给现代商业模式带来了哪些巨变？想知道这些问题的答案，就快快往下看吧，你想了解的，里面都有解答。

第一节　互联网把地球变成"地球村"

听听 他们的故事

小宝每年最期待的事，莫过于吃年夜饭了，不仅可以和许久未见的亲人们团聚，还可以收到压岁钱！小宝尤为期待今年的年夜饭，因为最宠爱他的姐姐今年毕业，参加工作了，并且答应给他买一套玩具。于是小宝每天都期待着除夕的到来。

左等右等，终于在重重煎熬中等到了除夕。在年夜饭开始前，姐姐打开了行李箱，里面装满了给大家的礼物。姐姐看见小宝激动的样子，赶紧把给他准备的礼物送给他了。小宝很开心地抱着礼物坐在了旁边。姐姐接着从箱子里拿出买给爷爷、奶奶和妈妈的礼物。最后，姐姐从箱子里拿出一瓶酒，对爸爸说："爸，这就是您一直很想尝一尝的俄罗斯的酒，我给您买回来了！您尝尝看喜欢吗？"这时坐在一旁研究礼物的爷爷忽然问道："大宝什么时候去俄罗斯了，也不给我们讲一声。"小宝也正奇怪呢，姐姐"噗嗤"一下笑了出来，说："现在咱们都是互联网经济啦，咱们的地球也都已经变成地球村了，只需要在网络上点一点，

就可以买到全世界你喜欢的所有物品，比如爸爸这瓶酒是俄罗斯的。我认识的外国朋友也能买到咱们中国的产品呢，可方便了！"

爷爷听后不禁笑眯眯地感叹："时代真的变了，咱们的生活也越来越方便了！你爸爸小时候想买个冰棍吃都得走二里路，现在坐在电脑前面点几下就能买到全世界的东西了，多方便！"姐姐说："对呀，这可都是互联网经济的功劳！"坐在一旁的小宝不禁陷入思考，什么是互联网经济？互联网经济又是怎么产生的呢？

原来如此

谈到交易这个词，脑海里很容易出现"两个人面对面一手交钱，一手交货"的画面。但是，现在不一样了，在这个大数据时代，由于电子信息技术的快速发展，交易不仅仅局限于面对面交易，不同时间、不同地点之间也可以自由地进行交易了。这让经济领域的联系更加紧密，就如同变成了"地球村"。这种通过互联网使世界变成"地球村"的经济，便是互联网经济。

知识传送门

接下来，我们将从三个方面探讨互联网经济的产生以及需要的条件。

1. 知识经济

想了解互联网经济的产生，咱们不得不提到知识经济，它可是互联网经济产生的一个重要条件！英国哲学家、实验科学先驱弗兰西斯·培根说："知识就是力量。"在当时，也许谁也不会想到培根的这句话会成为现实！它简明扼要地指出了是什么在引领着当今时代的前进方向。正如许多工业经济替代农业经济，给世界发展注入了强劲动力，如今知识经济以更迅速、更有力的方式替代工业经济，成为社会发展新的推动力。

知识经济，根据字面意思，我们不难猜出，它就是以知识为基础的经济，但是我们不能简单地从字面上分析。知识经济这个概念，是和以

前的农业经济、工业经济相对应的。农业经济、工业经济虽然有知识的参与，但是，这两种经济的增长是以物质为基础的。什么意思呢？就是说这两种经济的发展依赖的是能源、原材料和劳动力。而知识经济的重心则在于知识的产生、分配和使用。知识经济是人类知识尤其是科学技术方面的知识积累到一定程度的产物，也是知识在经济发展中的作用愈发重要的体现，同时还是新的信息革命造就知识共享，以高效率产生新知识的结果。

20世纪80年代，美国加州大学教授保罗·罗默提出了"新经济增长理论"。他认为知识是一个重要的生产要素，可以提高投资的收益。"新经济增长理论"的提出，标志着知识经济在理论上的初步形成。1996年经济合作与发展组织发布《以知识为基础的经济》报告后，知识经济一词开始在世界范围内流行起来。

知识经济作为一种新的经济产业形态，其确立的主要标志便是以美国比尔·盖茨的微软公司为代表的软件知识产业的兴起。微软的主要产品不仅仅是我们熟知的软盘，更主要的是软盘中的知识。正是这些知识和技术，创造了一个计算机应用的新世界，创造了一个互联网王国。如今，微软公司的产值早已超过美国三大汽车公司产值的总和，而且美国经济增长的主要源泉就是5000多家软件公司，它们对世界经济的贡献不亚于名列前茅的500家世界大公司。以上种种现象都在向我们传达一个信号：在现代社会生产中，知识已成为生产要素中一个最重要的组成部分，知识经济也将成为21世纪的主导型经济形态。

如今，知识已经从非资本形式，逐渐转化成一种无法被忽略的新资本形式，其中表现最明显的就是当今欧美发达国家的高科技体系，如美国制造业在国民生产总值中的比重，已经从1980年的21%降到了12%，而信息业和服务业所占比重，则由59%增加到85%以上。自1993年以来，美国工业生产的增长，其中45%都是由信息产业带动的。种种迹象都表明，信息技术和产业的迅猛发展，使发达国家的技术基础、产业结构和经济结构都发生了根本性的转变，明显呈现出不同于以往工业经济的种种特征，昭示着一种新的生产力和经济形态正在形成！

2. 现代信息技术

在知识经济的发展过程中，信息和通信技术是处于中心地位的，而现代信息技术正是互联网经济产生的第二个重要条件。知识经济时代发展最快的是信息产业。如今，信息技术已经成为经济发展的主要手段和工具。现代信息技术是一种通过微电子计算机技术与电信技术相结合的手段，对声音、图像、文字、数字以及其他传感信号所传达的信息进行获取、加工、处理、储存、传播和使用的技术。有人则戏谑地说，现代信息技术就是"0"和"1"（此处0和1意指二进制数符，是一种能够被计算机理解的语言）。结合前面的定义来看，这句话也不无道理。

以计算机、网络技术和现代通信技术等为代表的现代信息技术，是当代科学技术发展的主导力量。现代信息技术正以从未有过的速度扩散、吸收和发展，以其他任何技术从没有过的深度和广度渗入社会的方方面面。我们都知道，当今世界正在向信息时代迈进。20世纪70年代以来，随着信息技术革命的到来，逐渐出现了一些新兴产业，经济也得以快速发展。如今，信息已经成为我们的社会经济发展的"必需品"，也是世界向前迈进的强大推动力。

现代信息技术不仅渗透人们的生活、学习和工作的方方面面，同时，信息产业还在逐步成为全球最大的产业。在全球GDP中，已有2/3以上产值与信息行业有关。在之前的工业社会中，经济发展的主要方式是通过投入资源来实现的。工业社会加工资源的方式是一种高消耗、高污染的方式，这种方式不仅会给我们的环境造成巨大的危害，造成空气污染、树木的减少，还会造成自然资源的日益枯竭。如果任由其发展下去，将会给我们未来的生活造成严重且不可逆转的后果。而现代信息技术造就的社会信息化的发展方式，则为我们摆脱高投入、高消耗、高污染的经

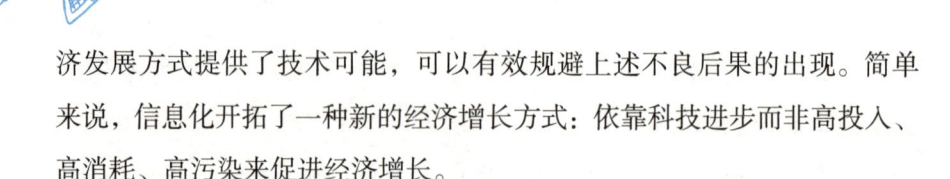

济发展方式提供了技术可能，可以有效规避上述不良后果的出现。简单来说，信息化开拓了一种新的经济增长方式：依靠科技进步而非高投入、高消耗、高污染来促进经济增长。

因此，现代信息技术代表着当今社会最先进的发展方向，信息技术的广泛应用也让信息的生产要素和战略资源作用得以发挥。这使人们能更加高效地从事社会活动，进而促进传统产业不断升级，社会劳动生产率和社会运行效率不断提高。总之，现代信息技术对全球经济、社会的发展产生了巨大的影响，对经济运作效率的提高、产业结构的调整和新兴产业的发展起着不可替代的作用，是提高竞争力和促进经济增长的关键。

现代信息技术不仅在提高效率和收集信息方面给我们带来了惊喜，还让"地球村"的梦想一步步变成现实。现代信息技术给了我们跨时间、跨空间的技术支持，让我们的发展和交流不再是封闭式的。正是因为现代信息技术的高速发展，我们才能随时随地发布自己的信息，与不同地域、不同文化的人交流，能够搜索自己想知道的任何信息。现代信息技术向全世界提供了一座无形的桥梁，将全世界紧密联系在了一起，信息也有了全球化的基础。这个过程中，网络作为信息的交通工具实现了这种连接。

3. 全球信息网络

信息网络有大有小，今天就给大家讲讲最大的信息网络——全球信息网络。全球信息网络就是互联网经济产生的第三个重要条件。你知道吗？全球的电话网是一个非常成熟且规模不小的信息网络。电话虽是具有120多年历史的传统沟通工具，但仍是目前相互通信的主要方式之一。而因特网虽然商用时间不算长，但它是增长最快的产业，用户数已经破亿。是什么促进了因特网的迅速发展呢？正是全球化进程！反过来看，因特网的快速发展，也为信息全球化、全球信息网络的建设提供了技术基础和平台支持。所以，因特网与全球信息网络是一对相辅相成、共同进步的好兄弟！

全球信息网络不仅改变了传统的信息获取方式，让信息搜索、获取变得更加便捷有效，也让整个世界的联系变得更加紧密。正如世界计算机大会提出的，互联网信息高速、广泛传递的特点，使世界形成了一个没有边界的信息空间。万水千山、天上人间，信息广泛传递。远程教育、远程医疗、电子商务、电子邮件、虚拟现实的发展，使我们的生产、生活和学习方式发生着深刻的变化。全球信息网络给了信息一双强有力的翅膀，使信息不再受限制，以一种崭新的姿态迅速传播在世界的各个角落和领域。

许多跨国公司，除了需要了解国内的信息之外，还需要了解全世界范围内的经济、政治信息，这就离不开全球信息网络的帮助，只有这样才能保证总部对各个分部的管理与监督。正是因为全球信息网络保证了信息的即时性和准确性，企业才能够快速地对市场变动做出反应。随着信息技术的高速发展，企业内部、企业和市场以及企业和企业之间的联系将不再受到时空的限制，管理者也能更加迅速准确地做出决策。不得不说，全球信息网络对社会各行各业的迅速发展功不可没！

总结一下，知识经济、现代信息技术和全球信息网络便是互联网经济产生的三个条件。正是有了这些背景，互联网经济才能应运而生，为我们的生活带来巨大改变，也为世界经济带来新的格局和动力！

你知道吗？

2017年8月8日，统计机构"Hootsuite"和"We Are Social"联合发布了一份有关全球社交媒体市场的调研报告。报告中显示，全世界目前大约有38亿网民，而其中有30亿人都在使用社交媒体。这意味着全球绝大多数的人都投入其中，这是一次真正的全民狂欢，全世界的人民一起享受着信息技术带来的欢愉。不论是用通信方式、广播方式或是检索方式，不论是有线、无线，只要能够传递信息的方式、途径，便是信息网络中的一环。全球信息网络就像一张巨大的由全球人民组成的蜘蛛网，不管哪里有了动静，都能迅速准确地传达到每一个地方。

第二节　互联网——生命不可承受之重

听听他们的故事

他，职业很新颖，和互联网关系大；他，业务能力强，介绍产品满舌生花；他，靠美妆起家，江湖人称口红一哥；他，名气比较大，一句OMG[1]行天下！看到这里，想必大家已经知道他是谁了，那就请大声地说出他的名字！他就是——没错！他就是知名美妆博主、网络主播李佳琦！

相信喜欢购物的朋友们一定对这个名字非常熟悉了，不熟悉的朋友们也没关系，我来为你们介绍一下他。李佳琦的主要职业是带货主播，每天通过互联网直播的方式，给大家推荐他测评过，认为品质好、价格优惠的产品，因为他名气比较大，商家们也很喜欢通过与他合作来卖出自己的产品。也正是因为名气大，他总能拿到最大的优惠力度。他的业务能力、优惠的产品价格与夸张的推荐方式，让看直播的朋友们都不禁陷入狂热的购物情绪，感觉：我的天哪！不买就是损失一个亿！然后纷纷"剁手"。所以网络上一直流传着一句话："天不怕，地不怕，就怕李佳琦OMG！"

"所有女生！"

"OMG！买它买它买它！"

"我的妈呀！这也太美了吧！"

"3、2、1，上链接喽！"

---

[1]注：此为英文"Oh my god"的缩写。

……

  这些都是李佳琦的经典台词，他极具煽动力的说话方式、精简但有力的口头禅、高亢饱满的激情，共同造就了他的成功。也正是他的成功，让带货主播这一新兴职业进入大众视野。这一职业是完全依赖于互联网的，正是互联网的飞速发展，才给我们的商业模式带来了如此巨大的改变。对于消费者来说，网络购物不仅让我们能够以更加低廉的价格买到同样的商品，还能帮助我们更加全面地了解产品的信息，在知名网络主播的倾力推荐下，产品的品质也更加值得信赖了；对于商家来说，网上卖货的方式也为他们省下了巨大的财力物力，是一种双赢的商业模式。

  不得不说，互联网为我们的生活带来了巨大的改变，对我们的生活无比重要。那么，聪明的你知不知道，互联网给我们的经济带来了哪些影响呢？

原来如此

  李佳琦的成功离不开他自己的努力，也离不开互联网的"魔法"。正如之前所说，互联网以知识经济为契机，以信息和网络的完美结合为手段，创造了一种不同于过去任何一种力量的新动力，为经济各个领域的发展改革注入了新的活力，也为我们的生活带来了巨大的影响。那么现在，我们就一起来看看这么有魔力的互联网，给我们的经济带来了哪些影响吧！

知识传送门

  互联网给我们的生活带来的影响体现在方方面面，给我们的商业活动带来的发展更是不可小觑。我们一起从下面这几点来看看，互联网究竟为我们的经济发展带来了哪些影响吧！

1. 互联网为传统经济组织结构的改变提供了基础

在过去，制造业时代的代表性组织是"金字塔形"结构。什么是"金字塔形"结构呢？相信现在大家的脑海中都已经出现了一座金字塔，这座金字塔就是一个公司的人员组成结构，最顶端的是公司的最高领导，向下走则依次是中层领导、小领导、普通员工等，这就是过去最为传统的公司组织结构。但是，互联网的出现与发展打破了这座金字塔！互联网以更加快捷有效的组织形式一步步地更新传统组织结构，平台化组织、网络化协作、众包众创等新型组织模式正逐渐成为新的企业组织模式，过去层级分明的"金字塔形"结构通过互联网变成了联系紧密的"蜘蛛网形"。从20世纪90年代开始，美国及其他西方国家公司的组织结构就从"金字塔形"向"网络形"转变，这种结构能更加有效地实现知识的交流和才能的发挥。

为什么说网络化的结构比过去的"金字塔形"结构好呢？

网络化和平台化的组织避免了传统组织形式的累赘和资源分配的浪费，让企业管理走向了扁平化和网状化。过去需要一层一层上传下达的资讯，现在只需要在公司群里发一条讯息就可以解决，管理的方式更简便，效率也更高。这使得企业能够对市场的变化做出更快更及时的反应，让决策承担的风险更小，决策的可靠性也更高，还有利于优化资源的分配，让员工的潜力得到更好的发挥。

现在已经有许多企业都实行这种新的结构，比如咱们熟悉的阿里巴巴、猪八戒网、美团等互联网公司已经利用自己网络平台的优势，在各个领域，如销售、物流运输等方面实行新的组织结构，不仅有效地整合了各种资源，还可以推动自身在互联网条件下的变革升级。新兴企业能够紧紧跟上时代的脚步，传统制造企业也没有故步自封，比如海尔，为了适应时代发展，重新激发企业各个环节的活力与创造力，实现资源的合理分配，也推翻了传统组织结构的管理模式，正在进行平台化、用户个性化的转型探索。

2. 互联网促进了传统经济运作模式的升级改革

对于常使用互联网的我们来说，互联网信息交流的便捷有效是有目共睹的，对于企业来说也是如此，互联网提供了低成本且便捷的与顾客交流的平台。互联网传达信息的即时性和准确性，为小众服务、个性化的定制服务起到了支持和推动作用。在过去的传统制造模式下，大规模、批量化的流水线虽然提供了及时的大众服务，但也有可能因为不能及时了解市场信息而生产过多的商品，导致商品积压、商家利益受损，也就变相提高了成本风险。现在的互联网经济可以有效地解决这个问题。通过互联网，商家可以及时、高效地获取信息，这就有助于商家及时了解产品需求，可以将过去那种大批量、统一标准的产品，改变为小批量、多批次的小众服务。这不仅能够为商家降低成本，还可以帮助顾客定制到自己更加满意的产品，为企业适应市场、把握引领新形势提供条件。所以说，互联网时代，企业想要快速适应市场新需求，提高应对市场变化的能力，就必须以互联网为依托，随机应变，一边加速技术和产品创新，一边将传统运作模式转型升级。

在网络社交高度发展的今天，企业的宣传已不再依赖纸质和广告宣传，低成本、高效率的网络营销逐渐成为各大企业的新宠。淘宝天猫的"双十一"活动、小米手机的"橙色星期五"研发测试、陈欧的"我为自己代言"等等，都是通过网络营销的手段，吸引大众的眼球，拉动经济的上涨。这就是依托社交网络树立企业形象，代替了以往用宣传单、广告牌和广告时间的高成本宣传策略，达到低成本营销的手段，而且通过网络营销这种高互动的宣传方式，大众的情绪很容易被带动，增加了消费者的主动性和动机性，促进了销量增长。

3. 互联网对商品经济产生了巨大的影响

在互联网还不发达时，生产商和品牌商由于时间和地域的限制，只能借助代理商，甚至是代理商手下的分部管理者来处理远距离的市场销售问题，这样会拉大消费者与供应者的距离。随着互联网的发展，借助互联网的力量，能让销售距离变短，通过虚拟手段实现供应者与消费者的直接接触。如京东商城就是以互联网为基础，将商品进行区域配置，让不同地区的供应商直接提供商品，减少了不必要的损耗。这样不仅不需要中间商，让销售渠道变得更加畅通，还能帮助商家更了解消费者的需求，为产品的设计、生产提供重要的信息，也为小批量的个性化服务提供信息来源和销售渠道。

不仅如此，互联网还与产品本身有着不可分割的联系。首先，随着时代的进步与生活水平的提高，消费者对产品的要求越来越高，且更加注重个性化。供应者只有准确了解消费者的需求，才能对产品进行设计和改进。互联网不仅为供应者提供了获得准确信息的途径，还为产品调整和设计提供了信息和灵感来源。因为互联网的透明、便捷、平等和庞大，人们都愿意将各种信息分享在互联网上，这样互联网就变成了一个巨大的信息宝库。其次，制造产品的人也需要这个巨大的资源信息库，需要及时从中汲取新知识，更新观念，否则就不会成为有技艺、有知识的高素质人才，也就无法生产出更加令人满意的产品了。最后，先进的生产制造技术也离不开互联网这个巨大的知识宝库。因此，互联网不论是与产品本身还是商品经济，都有着非常重要的关联。

在这个信息时代，商品与互联网结合产生了一种新的商品类型——虚拟商品。虚拟商品对于追求新潮的年轻人自然是不陌生的，但是对于大多数中年人或老年人来说，商品就是现实中存在的物品，而互联网产生的虚拟商品在他们看来是没有意义的且是有风险的，比如游戏中的装备、虚拟偶像等。这些新型产品的出现，打破了人们对产品的认识，在以前看来是不太可能实现的交易，也通过互联网的手段和平台变成了现实。

4. 互联网促进了服务行业的提升

传统服务行业包括第三产业中的商业、银行、旅游、运输等。互联网和信息技术的发展，给这些传统服务行业注入了新的活力，使得服务行业的信息变得网络化。无论是服务者还是消费者，都需要及时掌握全面的信息，比如提供什么业务、每项业务的大致花销等，这时网络化的信息资源就能发挥很大的作用。互联网为信息的传递和共享提供了非常好的平台：消费者可以通过信息网络寻找自己需要和感兴趣的服务；服务业者可以在信息网络中为开拓市场、增加项目和提高服务质量找到有效的信息。所以说，互联网不仅影响了服务业的质量和运作方式，还改变了整个服务行业的结构。

信息的网络化不仅拉近了消费者与服务者之间的距离，还帮助以信息服务为中心的服务行业不断发展起来。在庞大的互联网的支持下，各种层次、各种内容的服务业充分发挥自己的特色，互利共存，为经济发展贡献自己的力量。随着网络越来越深地渗入生活，我们检索信息的能力逐渐提高，与商品一样，用户对服务的要求逐渐更具有针对性，更具有个性。这就需要服务者及时与用户进行多次信息交流，了解用户的真正需求，并能给予用户充分的个性化服务。综合来看，通过网络信息服务，用户能更多地参与信息服务过程，从而推动了个性化服务时代的到来。个性化的需求与互联网的发展是相互促进的，正是互联网的出现激发了用户对于个性化服务的需求，而用户的需求又推动着互联网继续发展。

不仅如此，服务业因为互联网而实现了业务创新、方式创新等，让服务者与消费者之间的关系更加紧密，供求双方信息的传递更加准确高效。比如现在我们经常使用的滴滴出行、美团、携程等网上平台，就是通过互联网直接给我们提供服务，改变了传统的服务模式，更加精确高效地满足了我们的需求。

5. 互联网让消费出现了新姿态

信息资源网络化不仅对服务业产生了推动作用，而且让买东西也有了新途径——网络购物。网络购物是指消费者利用互联网平台进行购物，与传统购物在了解商品、交易、获得商品的方式上截然不同。相对于传统购物方式，网络购物不受时间和地理位置的限制，物品的信息可以通过网络进行展示，在商品页详细展示出商品的内外特征、使用方法等。顾客还可以通过网络评论分享自己的使用感受，同时也可以参考别人对产品的评价，这样可以帮助消费者更加全面地了解商品，并判断商品是否适合自己，实现理性购物。门票、机票等服务凭证，也可以利用虚拟商品代替实物，不仅降低了成本，而且更加便于携带，同时还避免了弄丢等麻烦。

不仅如此，互联网为在线支付提供了可能。随着线上支付平台的出

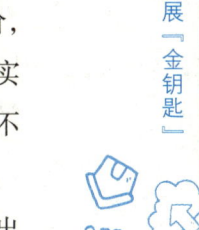

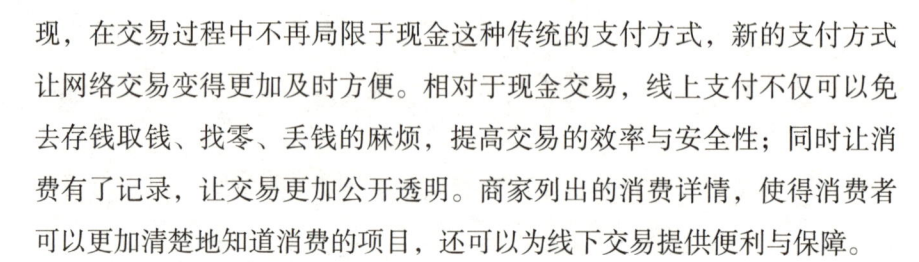

现，在交易过程中不再局限于现金这种传统的支付方式，新的支付方式让网络交易变得更加及时方便。相对于现金交易，线上支付不仅可以免去存钱取钱、找零、丢钱的麻烦，提高交易的效率与安全性；同时让消费有了记录，让交易更加公开透明。商家列出的消费详情，使得消费者可以更加清楚地知道消费的项目，还可以为线下交易提供便利与保障。

随着社会经济的发展，消费者从仅仅考虑产品本身的质量、价格等因素转为综合考虑各种因素，如对产品质量和精细程度的要求，对购物的及时性、方便性的要求以及某些特殊的要求等。俗话说"货比三家"，网络购物让消费者可以更方便地在任何时间、任何地点以最低的价格获得自己最满意的产品或服务。为了更快更好地达到自己的购物目的，消费者将会逐渐转向线上购物这种新的购物方式。

以上五点，便是互联网对经济产生的部分影响，读者朋友们也可以结合自己的生活感悟，思考一下互联网对经济的其他影响。互联网利用其特性和优势，将生活的方方面面都联系起来，形成了许多新的组织、结构和方式，对经济发展产生了巨大的影响。许多在现实生活中因为距离和信息不对称等原因出现的问题，都能通过网络得到解决。在经济发展中，人们需要对互联网有良好、健康的认知，不要过度依赖或者抗拒其发展，过度依赖或者过度抗拒都是不健康的行为方式。不论什么时候，大家都要切记：过犹不及哦！

你知道吗？

20世纪90年代，信息技术突飞猛进，信息化的浪潮汹涌而来，许多国家制订了旨在提高本国在未来世界中的竞争地位、培养竞争优势的先进制造计划。美国1992年在"21世纪制造企业战略"中提出的"敏捷制造"就是为了在信息化时代占领制高点，通过将企业内先进的技术、劳动力、灵活管理集中起来，从而实现对市场需求的快速响应。它认为管理组织依赖于网络信息资源的大量获取和有效处理，才谈得上有创新精神。信息化时代，谁能抓住更多信息，谁才能更有创造力，谁就能走到时代前沿！

第三节　商业模式变变变

听听 他们的故事

　　Z 市有 A 和 B 两个服装厂，其中 A 是已经开了 50 年的大厂了，因为服装的质量好、信誉好，在当地颇有人气，而 B 则是一个今年刚刚开张的小服装厂，在当地来说，名气、规模都不如 A 厂，所以 B 的日子不是很好过，生意也并没有那么兴隆。

　　没过多久，互联网发展愈发强劲了，线上交易也流行起来。但是 A 厂作为比较传统的大服装厂，并不是很能接受线上交易这种商业模式，认为网络上看不见、摸不着，人家买东西给的钱也都是一串电脑上的数字，像假的一样，还是真金白银拿在手里比较踏实，因此就拒绝了线上交易的方式。而 B 厂则敏锐地意识到，也许这是一个机遇，于是欣然接受线上交易的方式，开起了网店，生意也开始红火起来。

　　没过多久，经常直接接触消费者的 B 逐渐发现，"个性化""私人定制"逐渐成为潮流，大家不喜欢原来那种批量生产、容易撞衫的服装了。于是 B 开始顺应潮流的发展，做起个性化服饰来。而 A 由于依旧保持着原来的商业模式，与用户之间没有什么交流，错过了现在的潮流。随着时间的推移，大家猜猜这两个厂后来怎么样了？

　　正如大家猜测的那样，B 由于和用户交流密切，能及时把握住用户需求，生产出来的东西大家都非常喜爱，生意日益火爆，如今已经忙不过

来啦。反观 A，由于故步自封，不顺应时代的发展，生产出来的衣服款式也逐渐过时，现在已经门可罗雀，濒临倒闭了。

A 和 B 的商业模式是怎样的呢？这样的商业模式给他们各自带来了什么样的结果？

原来如此

A 代表的是传统商业模式，B 则代表了互联网时代下的新兴商业模式。商业模式是企业发展的命脉所在，只有顺应时代发展的商业模式，才能在商业的战场中脱颖而出，故步自封、不懂改变的商业模式，也将随着互联网的发展而走向灭亡！接下来我们就一起来看看这两种商业模式是怎样的，我们为什么要改变传统商业模式。

要想看懂商业模式的变动，咱们得先来看看商业模式是什么。对于商业模式这个概念，不同的学者有不同的解读。Timmers 认为商业模式是"关于产品、服务和信息流的架构，其中包括各种商业的参与者和他们的角色的描述，各种参与者潜在收益的描述，以及对收入来源的描述"。Magretta 认为商业模式是用于解释厂商运行方式的故事；哈佛大学教授 Mark Johnson、Clayton Christensen 和孔翰宁共同撰写的《商业模式创新白皮书》认为："任何一个商业模式都是一个由客户价值、企业资源和能力、盈利方式构成的三维立体模式。"商业模式简单来讲就是：一种能实现商户、用户、平台相平衡的企业运行方式。

知识传送门

随着互联网时代的发展，网络技术快速而广泛地向各个领域渗透，给传统商业模式带来了巨大的冲击。为了迎接时代变化，新的商业模式开始出现并逐渐发展，动摇了人们千百年来形成的传统商品交易方式，深刻地改变了人们的生活消费习惯和思想观念。是时候做出改变了！

1. 传统商业模式"out"了

一方面，传统的商业模式往往要消耗大量的人力、物力和时间，消费交易也是近距离完成，远距离交易是比较麻烦且耗时的，所以远距离交易在以前只是一种补充形式。由于信息的不完全性和不对称性，消费者的活动范围有很大的局限性，导致消费者对信息的了解十分有限，因此消费者不得不依赖他们所能接触到的商业企业提供的商品信息及有关服务。另一方面，传统商业模式非常依赖"分销渠道"，现代化生产呼唤着快速分销大量商品的渠道，而制造商无法与消费者逐一进行面对面交易，这就迫使制造商不得不依赖商业企业的分销力量。借助他人的渠道或分销商体系进行销售和配送，是传统商业模式完成价值创造和实现价值增值的基本工具，这是非常低效的。

社会发展进入信息时代后，互联网给商业模式带来了新的刺激，以往的商业模式不断被颠覆，传统商业开始逐渐被替代。黑莓、诺基亚、摩托罗拉等多家国外著名传统电子厂商在信息时代的冲击下渐渐淡出了竞争，倒闭、兼并的消息接连不断，而国外如苹果公司，国内如小米、华为等公司则迅速崛起；阿里巴巴和京东两大公司，以电子商务起家，逐步形成了属于自己的虚拟网络帝国，冲击着传统的线下商业。工业时代以厂商为中心的 B2C 模式，正在逐步被信息时代以消费者为中心的 C2B 模式所取代。(参见本节"你知道吗？")

2. 新型商业模式我知道

互联网逐步改变着企业和客户的关系，也在不知不觉中取代了传统商业模式。互联网信息系统和信息网络能够延伸到单个消费者，使生产者与消费者的直接沟通成为可能，生产者可利用互联网直接提供商品和服务，而消费者可以通过互联网直接购买商品和服务，并直接向生产者

提出个人要求和建议。因此，个性化定制、用户全程参与、服务化转型等服务商业业态创新已经成为企业应对经济新常态、增加用户服务价值的主要手段，这也是现在最为流行的新型商业模式。

3. 新型商业模式好处多

（1）产品突破国界，走向世界

随着信息时代的来临，信息沟通的障碍几乎都找到了解决方法，我们可以通过互联网不断地搜寻和比较，获取大量信息，选出最符合自己要求的商品或服务。网络不仅使信息变得更加丰富、易获取，也使市场突破了地域的限制，使得国界不再成为市场的界限，市场真正国际化了。Airbnb 就是一个很好的例子。Airbnb 是一个民宿租借平台，通过互联网，消费者可以和不同地区、不同国家的房主直接进行交流和租赁，房主会将房子的样图和介绍详细地写在平台上，方便消费者自己查看，如果有不懂的地方还可以与房主直接进行邮件交流。Airbnb 就是新型商业模式下服务者和消费者通过互联网实现跨国贸易的良好体现。

（2）打破信息壁垒，为消费者提供踏实感

新型商业模式不仅能够打破国界的限制，还能够打破信息壁垒。现在网络已经可以实现虚拟现实的功能，让消费者"身临其境"在网上选购商品，带来极为真实的购物体验，消费者们既可以在屏幕前自由选择商品，也可以利用VR（虚拟现实）技术全面观察商品及其使用情况，同时还可以与其他商品做比较。这项技术打破了曾经的信息不对称的局面，使顾客的需求能够得到最大的满足。信息技术的发展促使生产者和消费者进行直接交易，传统商业模式中的重重障碍、多层供应链，完全可以通过互联网直接避开，因此相较于传统商业的"迂回经济"，这样的"直接经济"让消费者有一种踏实感、直接感，也能带给消费者更好的购物体验。

新型商业模式下，"多品种、小批量、快翻新"正在逐步成为主流。这种受消费者欢迎的新型销售模式的大发展，给工业时代"小品种、大批量"的生产模式带来越来越大的压力。互联网上大量分散的个性化需求，正在以倒逼之势，持续地施压于电子商务企业的销售端，这将反向推动企业在商业模式上进行重新定义和思考。只有将生产方式改变为具备更强的柔性化能力的流线，并推动供应链乃至整个产业创新，成为能够响应互联网市场需求、适应消费者快速多变需求的企业，才能在信息时代的浪潮中处于不败之地。

（3）新型商业模式提供新机遇

不仅如此，新型商业模式还能够推进产品的改进和研发，为产品和服务的创新提供更多机会。互联网为企业改进原有产品和服务提供了技术可能性和创新机遇，如果企业能够抓住机会，开发全新产品、开拓全新市场、满足顾客的需要，便能在信息时代找到自己的竞争力，为自己赢得一席之地。美国苹果公司的崛起就是一个依靠产品创新获得市场的典型案例。20世纪90年代，苹果公司的影响力已经开始不断下降，个人电脑市场份额急剧下滑，但是苹果公司开发的MP3媒体播放器、iPod以及付费音乐下载平台iTunes Music Store依靠新型商业模式实现了产品的创新，获得了较大的成功。据统计，iPod当时在全球MP3播放器市场的份额达到59%，全世界62%的付费音乐来自iTunes Music Store。因此，创新赢来新机遇并不只是一句口号，机遇是留给懂得创新的企业的。

（4）新型商业模式造就健康生态

新型商业模式下，互联网还强化了企业之间的连接关系，使企业之间的竞争更加激烈、合作更加紧密，同时催生的平台型竞争、产业链竞争、生态圈竞争都使传统竞争更加健康有序。信息市场的发展、商业模式的改革离不开企业之间的协作，也离不开新的供应链体系的支撑。随着现代零售业和物流业的发展，发达国家的企业经历了一场供应链方面的变革重组。沃尔玛与宝洁就是零售商与生产商无缝协作的典范，供应链改革之后，这两家企业建立起信息系统的供应连接，沃尔玛一旦发现某一商品的存量不足，就会及时地直接通知宝洁供货，甚至顾客每在沃尔玛购买一件宝洁的商品，宝洁都会收到沃尔玛系统的通知。宝洁可以通过这些信息来安排生产，而这种新供应链接技术，也使得两家企业的运营

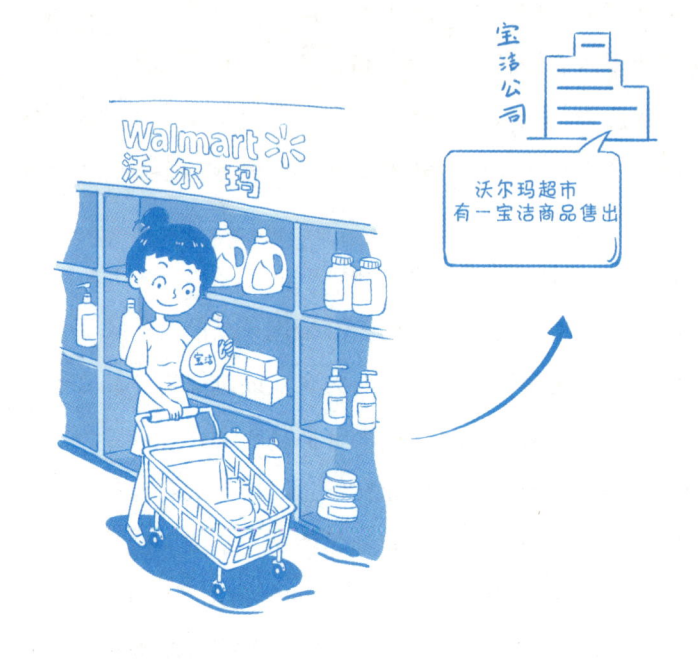

状况都得到了很大改善。

　　这种供应链体系通过互联网让各个环节实现信息共通以及相互帮助，是一种基于网络化的数据共享而开展的社会化的协作，能够大幅提升协同和决策的效率。互联网的最大优势在于，它可以支撑大规模、社会化、实时化的协作。它极大地提高了消费者与企业之间以及各企业之间的协作效率，原来的金字塔结构或链状结构正在被压缩到一个扁平化的平面上。这使得个性化需求能够越来越直接地触发各企业协同组成的高效价值网。只有当线性供应链被互联网改造成网状协同供应链模式时，新型商业模式的潜力才能够被充分发挥出来。以淘宝网为例，淘宝网已经基本完成了市场的搭建，消费者的需求支撑着数百万卖家在淘宝网上实现了"互联网化"运营。消费者和卖家可以直接进行在线沟通，而卖家也可以根据淘宝网上提供的消费数据进行供应的分配和改变。这些都是新型商业模式下，商业运营机制变得更健康、更快捷、更完善的体现。

　　以上便是传统商业模式存在的问题和新型商业模式的优势了。互联网时代的网络平台和信息技术具有极强的活力和推动力，是商业模式创新的坚实基础。时代进步推动着商业模式的创新，而商业模式创新也会推动时代进步。过去没有想到或认为不可能的事情，在今天也许就能变得可行。商业模式正经历着时代的变迁，不断面对旧事物的变化、新事物的产生，进行全方位的创新。无论从哪一个要素入手，商业模式都是可以进行创新的。这就如同进入了商业领域的大航海时代，所有的企业都成为想要发现新大陆的航海家，这一过程充满了挑战。

你知道吗？

什么是 B2C、C2B 呢？B2C 和 C2B 是两种商业模式，其中 B 代表企业，C 代表用户。传统的 B2C 模式就是从企业到用户的模式，举例来讲，企业生产了三种衣服，分别是有小猫图案的、小狗图案的和小太阳图案的。我们想买衣服的话，就只能在这些图案中选择一件。但是 C2B 模式则有所不同，是从用户到企业的模式。在这个模式下，用户可以告诉生产产品的企业，我想要一件左边有只小狗、右边有只小猫、天空中有小太阳的衣服。商家在接收到你的需求之后，为你进行私人定制。在这种商业模式下，每个人都可以更加方便地买到自己最心仪的产品。

第二章

对互联网经济 "Say hello"

互联网塑造了 21 世纪的新世界，改变了人类传统的生活模式，不仅让我们每一个人的距离更近了，而且给商业贸易带来了前所未有的活力。

互联网经济如此重要，我们也能加入它吗？当然！可不要小瞧了自己。那我们首先要注意些什么呢？小小的想法如何才能成为现实？在"虚拟"的经济里我们就能毫无顾忌吗？风平浪静的网络背后是不是潜藏着危机呢？在本章中，我们会与许多朋友见面，听听他们是怎么说的吧！

第一节 从"心"出发

听听他们的故事

"美团外卖大战饿了么！"

"惊！武汉居民在美团点外卖无果，长沙外卖小哥很受伤！"

"六岁女童不慎落水，'95后'外卖小哥跳河救人！"

"吃什么？美团外卖呀！"

一提到外卖，很多人第一时间会想到美团。移动支付的升级，使我们能随时随地吃到美食。如今，我们不仅能在美团上点外卖，还能找民宿、买电影票、预约美发店、购买车票、预约牙医、买门票等等。不得不说，美团成为许多人生活中的一部分。

美团APP如此成功，就不得不说到这个强大的企业背后的男人——创始人王兴。

王兴最耀眼的身份就是创业者，他是校内网、饭否网、美团网这三个中国大名鼎鼎的网站的联合创始人。除此之外，他还有另外一个身份——学生创业者，在毕业之后，没有丰富的职业履历就开始创业的人。

他于清华大学毕业后，拿到全额奖学金去美国特拉华大学继续深造，随后归国创业，接连创立了校内网、饭否网，并于2010年3月上线新项目美团网，在"团购大战"之中脱颖而出，稳居行业前三。

原来如此

王兴之所以能做出这么耀眼的成绩,不得不说有一部分原因是时代变革带来了机会。我们可以发现,他的所有创业项目都是围绕着"网络"展开的。校内网和饭否网打造较为封闭的网络社区,通过网络将用户们连接起来。美团网通过网络将一个区域的商家和消费者连接起来,自己则通过收取佣金、广告费和贩卖会员卡盈利。

在互联网时代,我们不仅可以有选择地从互联网上获取图文并茂的信息,而且可以通过这一媒介与他人交流思想感情,更重要的是,人们可以通过互联网这个大平台与来自世界各地的人分享自己的想法。萧伯纳曾经说过:"你有一个苹果,我有一个苹果,我们交换,各自还是只有一个苹果;你有一种思想,我有一种思想,我们交换,每个人就有两种思想。"来自世界各地的人的思想通过互联网相连接,使创新和创造变得更加容易。

互联网时代不同于工业时代,它赋予人以更多的自主性和创造性。创造不再属于系统经验,不再属于成熟和阅历,而是属于随时随地,属于人生的每一时刻。曾经我们所不习惯的奇思妙想,可能正是人类智慧山巅的黄金。互联网的不断发展创造了全新的机遇,有很多人抓住了它,并走向成功。

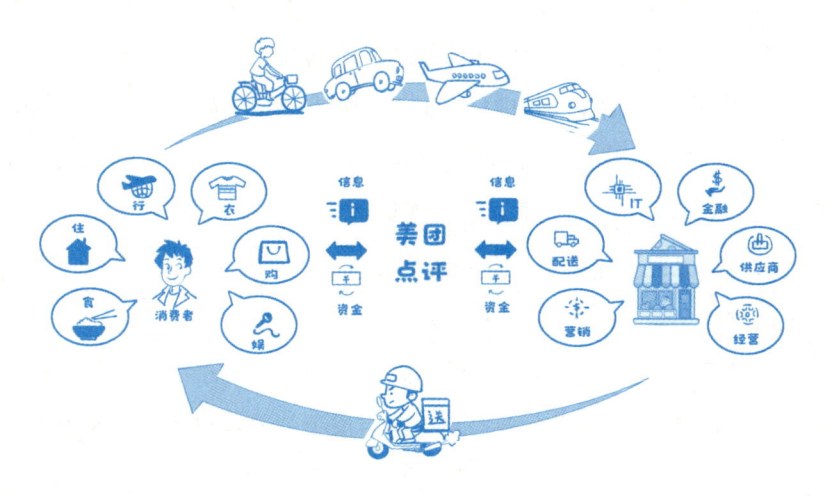

互联网带来了许多机会，可是最后的赢家往往是最先采取行动的人。外卖 APP 如此成功，吸引着更多的人想要进入这个行业，百度外卖、口碑外卖、肯德基宅急送、外卖超人、淘点点、京东到家、爱鲜蜂等等都想要进来分一杯羹。可是最先发现商机、进入市场的企业最容易保持优势，使后入者市场份额难以提升，这就是市场营销的"先发优势"。

知识传送门

为什么王兴能够在这么多学生中脱颖而出呢？

互联网时代不以资历论英雄，回想 19 世纪末 20 世纪初，伴随着工业革命的不断进步，美国诞生了一批企业"大王"：石油大王洛克菲勒、钢铁大王卡耐基、金融大王摩根及汽车大王福特，依靠着大垄断企业，他们聚拢了一大批资金，然而，这是他们用上一辈子才完成的原始积累。20 世纪末 21 世纪初，互联网时代来临，开启了全新的篇章。成为亿万富翁不再需要花费一辈子的时间，甚至可以一夜崛起。从雅虎到脸书的创立，都是年轻的大学生由于兴趣而产生新奇的点子，并借互联网这个大平台实现了自己的梦想。可以说，互联网提供了创新创造的机遇，而当代青年是最有想法的一个群体，也是最有可能去创造的群体。我们如何借助互联网这个平台去实现自己的梦想呢？

杨致远曾在接受中央电视台采访时说："我不怕输，即使我失败，我也有重新来过的勇气。"这种不怕输的劲头显示出传奇人物的精髓所在。这一点也恰好与硅谷精神相映衬：允许失败的创新，崇尚竞争，平等开放。

其实，细数我们手机中的那些 APP，不难发现，很多互联网公司都是典型的学生创业。他们用自己的实践证明，中国的年轻学生积极主动、敢于拼搏，可以成为互联网创业的成功者。

互联网只是给我们带来了好处吗？

网络给我们带来了丰富多彩的信息，让我们通过小小的屏幕就能看到地球另一端正在发生什么，大大的世界成了"地球村"。可是互联网作为一个全面开放的空间，健康信息与有害信息都充斥其中，里面既有我们需要的知识，也有毒害我们思想的不实信息。价值观尚未成形的我们可能会被互联网中的信息所误导，扭曲我们的价值观，迷失在虚假的信息中。

价值观是个体对事物的重要性进行评价时所持有的内部尺度，是我们对自己以及周围世界的看法。价值取向是个体对价值追求、评价与选择的倾向性态度。

青少年时期是埃里克森所说的自我同一性形成的时期，也是个体价值体系形成的重要时期。作为青少年的我们迫切地关注人的生存方式、生存价值等一系列问题，正如美国一位心理学家所说的那样："一个人在人生的任何一个阶段里，都没有像青少年期那样如此关心价值观的问题。"

我们对网络有着强烈的好奇与敏感，对网络虚拟世界表现出极大的认同与极高的参与热情。在我们的成长中，互联网深刻影响着我们的价值观、人生观的形成。互联网对我们价值观的影响既有积极的，也有消极的，这就需要我们理性辨别互联网中纷繁复杂的信息，做合格的网民。

具体来说，互联网会给我们带来四个方面的负面影响：

1. 政治观：意识形态弱化

互联网的出现，打破了国与国、地区与地区的界线，世界由此变成了"地球村"，实现了人类信息资源的共享。但是由于各国各地区的经济实力不同，科技发展水平不一致，因此，网上信息的提供量是不平等的。在当前国际互联网中，80%以上的信息和95%以上的服务信息是由美国提供的。我国在整个互联网的信息输入和输出流量中，仅仅占到0.1%和0.05%。因此，西方资产阶级思想文化对我国青少年的价值观、人生观、道德伦理等造成了一定程度的影响。

对此，我们青少年应如何对待呢？这需要我们全面、正确地认识本国和外国文化，不能对外国文化全盘肯定，对传统文化全盘否定。我们要用理性、批判的思维来看中国和美国之间的差异，认识到中国作为发

展中国家可能存在的不足，看到未来的进步空间；也要认识到美国作为世界上最发达国家给他们带来的优越感，了解美国文化背后真实的美国自由和民主：占领华尔街的美国公民被暴力镇压、驱赶、关押；种族歧视导致警察过度执法，任意地枪杀主观认定有危险的黑人；毒品、枪支泛滥，暴力犯罪猖獗……此外，在2013年震惊全球的"棱镜门"事件中，斯诺登用无可辩驳的事实曝出美国政府利用秘密建造的庞大的监视机器摧毁互联网自由和世界各地人民基本自由的行为。

2. 国家观：民族认同感弱化

互联网促进了当代青少年的国际化，也不可避免地带来青少年民族认同感的弱化。中国青少年在看美国大片的时候、在吃肯德基的时候，也在逐渐疏远本民族文化。他们知道圣诞节、情人节、愚人节等西方节日，却对中国传统的清明节、重阳节了解不多。

对此，青少年应该珍惜并将传统文化发扬光大。通过互联网，我们不仅可以了解国外的节日，更可以查询中国传统节日的习俗，探求其魅力。横向来说，互联网让我们不仅能了解国内的信息，也能了解国外的信息；纵向来说，我们可以通过互联网加深对传统文化历史的了解，二者并不矛盾。

3. 道德观：道德评判相对化

互联网为使用者构造了一个与现实完全不同的虚拟空间，无中心感与非真实化使得现实世界中的道德规范在其中不能发挥作用。因此，进入互联网的青少年往往会产生道德失范的行为。一方面，认为网络上很难讲道德；另一方面，有意或无意地做些违反道德规范的行为。网络中的道德失范行为表现在五个方面：网络盗窃、网络传毒、网络色情、网络黑客、网络造谣。

①网络盗窃。盗窃者利用网络非法进入其他机构或他人的主机，窃取其信息数据。这些信息数据或用于商业竞争，或用于非法讹诈，或仅仅是恶意制造混乱。这类行为在网民集中的高校中已经成为一个引人注目的新问题。1996年我国高校发生了首例电子邮件案。原告、被告均为某

著名大学学生，被告未经原告许可查看某国外大学给其的录取通知邮件，并以原告名义回复该大学拒绝这一录取，此举造成原告丧失了录取资格。这种未经他人允许上网篡改他人填报志愿的事在近两年也有发生。青少年应该注重自己网上的隐私保密，重要信息不轻易泄露给他人。

②网络传毒。传毒者将自己搜集或制作的含有病毒的可执行程序或数据文件传播给其他网络用户，造成其计算机系统的错误甚至瘫痪。目前在我国也不断发生恶意制毒、传毒的现象。

③网络色情。散布者将被法律禁止的色情文字、图片挂在网上，供网民阅读观看。由于色情信息可以吸引到较高的点击率，因此这类信息已经构成网络信息中一种特殊的类型。在各种电子书库、娱乐天地及聊天室，充斥着大量所谓明星写真之类的东西，即便是大学生自办的网站上，为了提高点击率，也或多或少擦着边搞一些话题。

④网络黑客。攻击者以威胁其他机构的计算机系统的安全性为目的进行的侵入、破坏活动。这些行为很大程度上是为了展示攻击者的才华，具有极强的蓄意性。黑客通常修改主页、嘲弄组织、删改程序、导致瘫痪。对掌握最新技术又年轻气盛的大学生来说，这种恶意行为已屡见不鲜。

⑤网络造谣。互联网让使用者能更自由地表达自己的思想，但过度自由无约束，让各种虚假的错误的信息充斥于网上，缺乏明确的思想导向。网络给每个用户都提供了成为传播者的可能。这提高了受众的地位，打破了传统媒体传播的单向性，但也带来了传播权的滥用，任何人都可以任何目的传播任何消息。

由于在网上发布的言论在一定程度上难以追究责任，使用者可以轻易地就一个问题表达自己的意见，不考虑后果，甚至恶意制造混乱。网络造谣成本低，且真正打起官司来费时费力，就算真的胜诉了，当初的"吃瓜群众"早已散去，正义很难得到关注。就像霸王洗发水曾经被造谣用了会致癌，含冤六年终于胜诉，可是之前的损失远不是胜诉所判的那点赔偿费可抵偿的。网络造谣中损失金钱还是其次的，对名誉的中伤才是最严重的。因此，面对媒体的言论我们应该保持自己独立思考的习惯，

不轻易做判断，避免听风就是雨，轻信谣言，对被造谣者进行二次伤害。

网络信息虽然丰富多彩，但也鱼龙混杂。无数事实说明，网络社会信息的丰富性会导致信息的膨胀和泛滥。合法信息与非法信息、有益信息与有害信息、有价值信息与垃圾信息等混杂在一起，产生了网络的"信息污染"。网络空间已成为多元价值观并存的场所，这更需要青少年理性思考，保持一颗清醒的头脑，不盲从，形成自己的价值判断，做出正确的选择。

进现实

学生借助互联网创业已经屡见不鲜，有许多优秀的创始人一夜之间从普通人成为千万富翁。互联网技术一次又一次向世人展现出它汇聚财富的惊人速度与庞大规模，吸引敢于冒险的创业者和风险投资者奋不顾身地投身其中。

最初，雅虎的创立只是源于两个大学生的兴趣。1994年4月，仍在斯坦福大学就读的杨致远与费罗为了完成论文，迷上了互联网，整天泡在网上寻找资料。在这个过程中，他们收集到很多自己感兴趣的站点并加入了书签，例如科研项目、网球比赛等，以便查找。随着这些收集到的站点越来越多，他们感到查找起来非常不方便，于是，他们把这些书签按类别进行整理，当每个目录都容不下时，再细分成子目录，这种方式至今仍是雅虎的传统。然后他们编制成软件，并放到网络上让其他冲浪的人享用。不久，他们的网站招来了许多用户，受到了极大的关注和广泛的欢迎。人们纷纷反馈信息，还附上建设性意见，使内容更加完善。随着流量剧增，杨致远敏锐地发现了其中蕴藏的巨大商机，于是他们一边精心打造他们的网站，一边积极寻找潜在的投资者，以进一步发展雅虎。

最初曾有美国在线找上门来，这家世界上最大的商业在线服务公司正好缺少一个搜索引擎，希望雅虎能担此重任。但美国在线的用意是收购雅虎，使杨致远和费罗都成为他们的雇员，两人经过慎重考虑拒绝了，因为他们要自己经营雅虎。雅虎对他们来说是一项自己精心哺育的事业，创建和维护雅虎是一种乐趣，他们要当自己的主人。随后杨致远又与MCI、微软以及CNet谈判，但只得到CNet的资助。最后杨致远找到了红杉资本公司，它是硅谷最负盛名的风险投资公司，也是雅虎最初唯一的投资者。雅虎果然是极具潜力的，虽然他们提供免费搜索引擎，但他们引入广告来赚取收入，将搜索引擎商业化。1995年4月红杉投资雅虎近200万美元，在雅虎上市后，红杉的股本已升值到了34亿美元。

互联网不仅吸引着西方的创业者和风险投资者，中国的创业者也跃跃欲试。张朝阳带着风险投资22.5万美元创立了类似美国雅虎的搜狐网；马云在北京与孙正义短短6分钟的交流，获得了2000万美元的投资，阿里巴巴得以壮大；马化腾获得国际投资220万美元，使腾讯的发展逐渐步入了正轨。

庄辰超毕业于北京大学本科电子工程系，是去哪儿网原CEO。还在大学的时候，庄辰超就和同学创业，做了一套搜索软件，成立公司，并成功找到百万融资，最后卖给了比特网（Chinabyte）。此后，庄辰超曾在美国华盛顿工作过四年，担任世界银行系统架构的核心成员，设计并开发了世界银行内部网系统。2003年，该系统被专业研究网站和评价产品易用性的权威公司Nielsen Norman Group评为"最佳内部网"。2005年5月，他创办了去哪儿网。仅仅8年时间，去哪儿网已成长为互联网旅游业的佼佼者。

阿诺本名伏彩瑞，沪江网创始人兼CEO。2001年，尚是上海理工大学大三学生的伏彩瑞，创办了沪江语林，2006年开始公司化运营。从一个不为人知的互联网细分领域起步，阿诺一路慢慢走来，始终倡导"把学习这件事情弄简单"，在互联网教育行业深耕十数载。在数十年如一日所坚持的教育理念下，沪江网已成长为影响力覆盖2亿受众、8000万用户、300万学员的大型互联网教育企业。

周源，硕士毕业于东南大学计算机科学专业。2010年8月，周源创办知乎，担任CEO。知乎是一个知识性的问答社区，这是一个定义性的

说法。与其他社区的显著区别之处在于,知乎用户之间的社交关系都是建立在一问一答的讨论之间。至 2014 年,知乎社区注册用户超过 1000 万,同比增长 10 倍。周源说他的下个目标,是服务 1 亿用户。在他描述中,未来知乎会演变成互联网的一种基础设施。

  阿北,本名杨勃,豆瓣网创始人兼 CEO,2007 年青年领袖评选候选人。从 2005 年 3 月,由阿北一个人开发、运营的书评、影评、乐评网站豆瓣网,到 2013 年,豆瓣注册用户已经有 7900 万,成了 Web 2.0 们的明星。

  看过这些"人生赢家"的故事,我们不难发现,几乎每一个互联网创业成功者,都是抱着对互联网的浓厚兴趣,本着在网上做点儿什么的想法,一步步踏实地把企业做大做强。理想是初心,务实是核心,两者缺一不可,对于血气方刚的青年们来说,要如何兼顾二者值得我们进一步探讨。

第二节 "虚拟世界"需要真东西

听听 他们的故事

又是一年"剁手节",小丽已经提前选好了自己心仪的商品,就等着凌晨的时候付款。可是在凌晨,小丽在朋友圈发了几条消息,让朋友们摸不着头脑。

"'剁手节'到了,我明天只能吃土了,以后不要叫我吃饭,除非你请我,哈哈!"

"我的天,我怎么花了这么多钱?不比平时便宜啊,为什么?是我睁眼的方式不对吗?"

"我知道了!这样就是原价卖的呀!骗人,哼!"

"再也不买这家的东西了,心塞。"

原来是小丽心仪一件外套很久了,可是"学生党"买不起原价的商品,

正好店铺参加了电商的"剁手节"活动，在首页打出"所有商品，一律七折"的广告。小丽心想就等着"剁手节"的时候能低价把外套买下来。

可是，在付款的时候，居然发现外套的价格根本没有变化！

原来，店家偷偷把价格改得更高，正好七折后就是外套的原价，让她白白等了一个月。小丽虽然很喜欢这件外套，但还是决定将它退掉，因为店家的这种不诚信的行为，已经给小丽留下了非常糟糕的印象，也不再相信店家会提供优秀的售后服务。

原来如此

拥有五千年文明的中国，关于诚信的经典论述可谓是俯拾皆是，《晏子春秋》曾讲："言无阴阳，行无内外。"意思是指言行一致是诚信的特征。《论语》又说："民无信不立。"是说大至一个民族，小到一个人，诚信都是立身之本。又讲："朋友信之。"要求人与人的交往要讲究诚信。《孟子》又道："诚者，天之道也；思诚者，人之道也。"可解释为诚信是客观世界的要求，认识和实践诚信，是每一个人所言所行的正道。沿至今日，更有"讲诚信而得人心，失人心者失天下"的说法。

由此可见，诚信二字，从古至今一直是社会衡量一个人的道德标准，也是做人做事、取得成功的重要基石。从春秋战国时期商鞅的"徙木立信"，到明清时期徽商、晋商的"童叟无欺"，再到今有八旬老人拾荒二十五载还款三十万，都诠释了诚信人生。关于诚信的案例，比比皆是，都传递着一个道理：无论为官为商还是做人，诚信都是营养，欺诈则是剧毒。

为什么诚信如此重要呢？我们来看两个关于诚信的故事，或许会有更深的体会。

知识传送门

互联网时代，诚信也那么重要吗？

在1949年10月1日这一伟大历史时刻，新中国的第一面五星红旗徐徐升起，而这第一面五星红旗就是用瑞蚨祥提供的红绸制作的。从此，老字号瑞蚨祥从之前的每况愈下中获得了新生。

瑞蚨祥在清光绪年间就开业了，生意兴隆，名声大作，仅七年时光已拥有资金40万两白银，居"八大祥"之首。北京城流传多年的歌谣"头顶马聚源，身穿瑞蚨祥，脚踩内联升"，就是对瑞蚨祥名满京城的生动写照。

瑞蚨祥见证了中国商业的兴衰荣辱，记录了近代中国民族商业的光荣与梦想，在商界百余年而不倒，甚至发展至今，仍在书写着中国商业的"百年传奇"，这一切难道只是因为它所销售的商品质量好吗？原因显然不仅是这样的。据史料记载，清光绪二十六年，八国联军侵入北京，一把大火把所有的珍贵之物破坏殆尽，瑞蚨祥也未能幸免。当时店里所有的账本和商品都化为灰烬。面对如此境况，瑞蚨祥的经营者并未被击倒，他向世人承诺：凡是瑞蚨祥所欠的款项一律照常奉还，而客户所欠瑞蚨祥的钱物一笔勾销。此承诺一出，可想在当时造成了多大的震动，瑞蚨祥的这种非凡气魄和商业信誉，一时也被传为佳话。

沃尔玛公司创始人山姆·沃尔顿曾说："我创立沃尔玛的最初灵感，来自中国的一家古老的商号，它的名字来源于传说中的一种可以带来金钱的昆虫，它可能是世界上最早的连锁店，它干得很好。"这个古老的商号，就是瑞蚨祥。经历百多年的沧桑岁月，瑞蚨祥一直恪守着自己经营的宗旨："至诚至上，货真价实，言不二价，童叟无欺。"这十六字祖训，至今仍镌刻在瑞蚨祥店内的醒目之处，在中国漫长的商业史演进中，愈发清晰和明亮！

一念之差终成恨

不仅是企业经营中需要诚信，我们每个人的一言一行都需要坚持诚信原则，否则一失足成千古恨，酿成的恶果只能自己咽下。

王东是一名顺利考进大学的大一新生，就读建筑专业。家人都对他抱有很大的期望，朋友都认为他前程似锦。他自己认为考上了大学有了放松的资本，何况现在才刚大一。刚入校他就放低了对自己的要求，每天沉迷于网络游戏，经常旷课迟到，甚至还嘲笑室友每天看书像个书呆子，自认为大学考试只要考前看一下书，考过是基本没问题的。于是，在大一整个学期，王东都是在游戏、玩乐中度过。在距离考试只有一周时，他才拿起书本，却发现很多都看不懂，而且考试内容又很多，现在重新学也已经来不及了。

这时，他很着急，害怕考试不及格被父母责骂，担心朋友知道了嘲笑他，于是他找同学借来了密密麻麻的笔记，自知在这么短的时间内无法顺利通过考试，便想起了带小抄的方法。他将准备的所有复习资料全部缩印成小张的纸，藏在身上。尽管监考老师在考前一再重申了禁止作弊，但王东想的是如果监考老师没注意，他就有机可乘了。在这种侥幸心理的驱使下，他在考试过程中拿出准备好的小抄，正准备抄写答案时，被监考老师抓了一个现行。事后学校根据规定，给予王东留校察看的处分，这意味着他最终毕业也无法获得学位证书，对以后的就业和生活都有影响。

瑞蚨祥在面临商业危机时，并未随着大火一起化为灰烬，而是在火中蜕变，成为一代商业传奇，支撑着它的是其所秉持的商业宗旨——诚信。诚信如同人的一张名片，与陌生人相处诚信，可以给人深刻的第一印象；与朋友相处诚信，可以帮助你在人与人的相处过程中建立良好的人际关系；与客户相处诚信，可以为你建立良好的口碑和信誉，得以维持长期的合作。而若失去诚信甚至不讲诚信，就会遭受谴责和惩罚。

随着互联网的快速发展，网络购物和网上营销等网上商务活动日渐兴起。在这个虚拟世界里，既孕育着无限商机，也潜伏着各种诚信隐患。

企业"诚信为本"的规律并没有因为进入互联网经济时代而发生转变，反而在这个信息高速流通、人人拥有话语权的时代，变得更为重要了。

德国著名诗人海涅曾说："生命不可能从谎言中开出灿烂的鲜花。""互联网+"也不可能在诚信缺位的情况下焕发勃勃生机。所以，当我们踌躇满志地思考加入互联网创业的时候，应该毫不犹豫地坚持诚信原则，才有可能做出成绩。

如果没有诚信，"互联网+"还能做什么？当微博发言成为中伤他人的利器，当微信分享成为谣言传播的滥觞，当电子商务成为假冒伪劣的温床……当人们不用为自己在互联网上的言行承担责任时，当人们对网络唯恐避之不及，不愿意再相信网上的言论和信息时，谁还愿意参与进来？机遇、财富又从何谈起？网络虽然是虚拟空间，但同样是真实社会，诚信的缺失必然会伤害互联网活动的参与者，进而伤及互联网产业。

"互联网+"作为一种互联网在生产要素配置中发挥优化、集成和创新作用的新经济形态、新生活方式，必须以诚信为其基本法则。比如"互联网+零售"，必须坚持公开、公平、透明的交易方式，拒绝假货和欺骗；

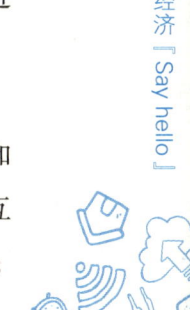

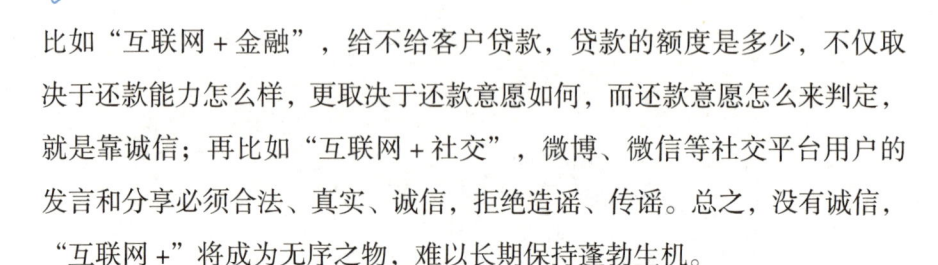

比如"互联网+金融",给不给客户贷款,贷款的额度是多少,不仅取决于还款能力怎么样,更取决于还款意愿如何,而还款意愿怎么来判定,就是靠诚信;再比如"互联网+社交",微博、微信等社交平台用户的发言和分享必须合法、真实、诚信,拒绝造谣、传谣。总之,没有诚信,"互联网+"将成为无序之物,难以长期保持蓬勃生机。

网络诚信与现实诚信密切相关,现实生活中的诚信道德规范同样适用于网络诚信。因此,互联网企业、从业人员以及广大网友都是网络诚信的建设者、守护者和受益者,都应该为打造诚信有序、风清气正的网络空间而努力。

共享汽车的创始人——罗宾·蔡斯(2000年创办汽车共享公司Zipcar,也曾被誉为全球最具影响力的100人之一)说:"互联网带来的优势始终大于劣势,所以它才得以快速发展。共享经济的两大要素是信任体系和规模。"无论是共享经济还是互联网发展,诚信体系建设一直都是被广泛关注的热点。

马云在做客复旦大学时,和马明哲、马化腾一起探讨"互联网金融"和"金融互联网",一直强调,互联网上存在着各种假冒品牌、骗人现象,导致人们对互联网产生了种种非议,但这些都是可以克服的,我们要客观对待,目前互联网缺乏的是一套完整的信用体系,如有条件,可以申请诚信网站认证。

企业要想得到诚信认证,需要了解哪些相关知识呢?

1. 认证资料

认证互联网诚信示范单位需要提交企业营业执照、企业网站IP备案、法人身份证、申请表等材料,在审核通过后即可获得认证证书。

2. 审核内容

审核内容包括网站和APP的诚信信息、ICP备案信息、域名注册信息、身份证明信息、工商登记信息、网站运营监控、网站篡改监控、木马骚扰拦截、无恶意广告、收费项目提醒、访问隐私提醒、交易安全、商家信息核实等30多项参数检测,以鉴定网站和APP的合法可信度。

3. 诚信网站的认证

申请单位通过诚信网站认证，表明网站身份可信。但网站经营主体的"运营状况、财务状况、信用状况等不在诚信网站认证范围内"。

诚信是做人的基本准则，与人相处不讲诚信，那么你将不能交到真心待你的朋友，因为你不值得信赖；而在商业上，将不会得到顾客的信赖，也就意味着没有好的销售业绩，企业便不能做大做好。而不讲诚信的人，对他自身也有很大的坏处，在身体上，会受到良心的谴责，无法安心做任何事，长期以来身体也会受到影响，导致相应的疾病；在能力上，不能很好地锻炼，导致自己的能力受到限制，即使对某些事有所隐瞒，终有一天会揭晓，也将受到其他人和社会的唾弃。

总之，做人不讲诚信，将会对自己、对他人、对社会有许多危害。尤其是在如今的信息化时代，在网络环境中，只有讲诚信才能赢得大家的口碑，赢得社会的认同，赢得共同的点赞，获得忠实的粉丝。如果不讲诚信，只会白白浪费时间和精力，等着被人揭露，遭受社会的唾弃。"是金子总会发光"，诚信也许不能立刻为你带来好处，但从长远来说，诚信的光芒是无法遮挡的，它的影响是深远的。

第三节 小心"网络狂徒"

听听他们的故事

"是赵女士吗？您好，上个月您在我们公司开通了网上借贷账户……"

"啊，不会吧！"小丽接到这通电话，简直是莫名其妙。

"是的，就是您上个月在我们这儿登记了您的信息，本次是想要通知您，您的账户异常，需要您配合我一下，我们这儿检查账号是否由本人操作，以免被人套用了。"电话那边依然不疾不徐地说话，仿佛这样的话已经说了很多次了。

"怎么会！我从来不搞网上借贷的！你们怎么弄到我的信息的？"小丽想破了脑袋也记不起自己曾经开通过网上借贷账户。

"我们这里也不知道。也许是您的同学登记了您的身份证号。"

"你们就这么随便的吗？你家的钱是大水冲来的呀？你是骗子吧？"小丽觉得事情越来越不对劲，下决心不按对方的要求做事。

"呃……这个不知道呢。但是请您将收到的验证码告诉我一声，授权给我就可以查看您的账户了。"对方并不打算就此放弃，绕过小丽的问题，直接提出自己的目的。

小丽挂断电话。这已经不是她接到的第一通索要验证码的电话了，但每一次的方式都不一样，一不小心就会落入对方的陷阱。

不一会儿，小丽的手机又响起来了。"喂，您好……"

原来如此

在众多网络诈骗中，人们都发现，掌握个人信息已经成为犯罪行为实施的前提条件，更是此类犯罪公司化、组织化实施的基本起点。个人信息在大数据时代早已不限于简单的姓名、性别、年龄、住址等基本信息，还包括个人的行踪、行为以及独有的生理特征等信息。个人信息的外泄，导致网络诈骗者等能够根据受害人的综合信息编造难以被识破的"故事"，进而达到犯罪目的。

进入大数据时代，个人的基础身份信息加上其行踪和行为轨迹等特点，即使不用"算法"的帮助，只凭一般的生活常识，也可大致"透视"一个人的行为偏好甚至性格品性。个人隐私信息的公开化和透明化，不仅给个人带来各种意想不到的风险，也增加了整个社会运行的风险和成本。

我们要保护好个人信息，以免被骚扰信息打扰、被不法分子盗用身份，给我们的人生留下风险，甚至断送我们的未来和生命。

知识传送门

为什么骗子能准确知道小丽的信息呢？

随着网络信息技术的高速发展，对个人信息的收集、整理和传输变得越来越容易。网上购物、聊天、发邮件、打印复印材料等行为会不经意"出卖"自己的姓名、身份证号、电话、住址等个人信息，这些个人信息一

旦被泄露，可能就会被诈骗分子盯上并造成严重损失。

我们要注意以下几种情况，保护好个人信息：

1. 网络购物要谨防钓鱼网站。通过网络购买商品时，要仔细查看登录的网址，不要轻易接收和安装不明软件，要慎重填写银行账户和密码，谨防钓鱼网站，防止个人信息泄露造成经济损失。

2. 妥善处置快递单、车票、购物小票等包含个人信息的单据。快递单含有网购者的姓名、电话、住址，车票、机票上印有购票者姓名、身份证号，购物小票上也包含部分姓名、银行卡号、消费记录等信息。不经意扔掉，可能会落入不法分子手中，导致个人信息泄露。

3. 身份证复印件上要写明用途。银行、移动或联通营业厅、各类考试报名、参加网校学习班等很多地方都需要留存你的身份证复印件，一些打印店、复印店利用便利，会将暂存在复印机硬件的客户信息资料存档留底。

4. 简历只提供必要信息。目前，越来越多的人通过网上投简历的方式找工作，而简历中的个人信息一应俱全，有些公司在面试的时候会要求你填写一份所谓的"个人信息表"，上面要你的家庭关系说明、父母名字、个人电话住址、毕业学校（详细到小学）、证明人（甚至还有学校证明人），甚至身份证号。

5. 不在微博、微信朋友圈中透露个人信息。通过微博、QQ空间、朋友圈和熟人互动时，有时会不自觉地暴露出或者标注对方姓名、职务、工作单位等真实信息。这些信息有可能会被不法分子利用。很多网上伪装身份实施的诈骗，都是利用了这些地方泄露的信息。

6. 免费无线网络易泄露隐私。在智能手机的网络设置中选择了无线网络自动连接功能，就会自动连接公共场所无线网络。但是，无线网络安全防护功能比较薄弱，黑客只需凭借一些简单设备，就可盗取无线网络上任何用户名和密码。

误入歧途会带来什么样的后果？

随着互联网技术的发展与普及，学生在网络经济发展过程中成为重要的角色。一方面，他们思想灵活，对新鲜事物接受速度快，具有较强的创新能力和模仿能力；另一方面，他们由于尚处于发育、成长期，心智及心理仍不够成熟，缺乏自我约束力，法律意识较为薄弱，容易被网上各种良莠不齐的信息诱惑，在使用网络的过程中，不可避免地成为诈骗者或不良卖家最易下手的对象。

随着我国互联网经济的高速发展，网络购物已经成为时下热门的购物方式，尤其是每年的"双十一"活动，更是直接冲击着我国的网络商业经济。每年的网络购物交易总额都在刷新。网络购物给人们带来舒适快捷的服务的同时，也不可避免地出现了问题。为了保障消费者的合法权益和解决某些困扰，许多商家和网站增加了"网购先行赔付"的服务。什么是"网购先行赔付"呢？比如说，你在网上买了一套漫画，但是当你收到这套漫画的时候，发现其中的图画内容有损坏，你要求商家处理，而商家或者服务者故意拖延，甚至毫无理由地拒绝赔付你的损失，此时，你会收到你购买商品的交易平台先行赔付给你的补偿金。这一服务减少了许多不必要的纠纷，但同时也给一部分人留下了可乘之机。

下面我们一起来看看三名大学生半年内利用"网购先行赔付"自编自导 10 余起网购欺诈案，骗走网站 10 多万元赔付款被刑拘的故事。

2015 年，北京市公安局网安总队驻区三大队接到某网站举报，称在日常工作中发现 10 余起先行赔付申请存在异常。赔付申请均为买家通过该网站购买 iPhone6 手机，收到的却是手机模型，申请赔付金额高达 10 余万，该网站怀疑有人恶意骗取赔付款。接到举报后，网安民警展开侦查工作，通过对一系列相关证据的分析和查证，一个以在校大学生范某为首的 3 人诈骗犯罪团伙进入了民警视线。

调查发现，3 人相互熟悉，在案件中分工明确。6 月 10 日，在朝阳警方的配合下，网安总队侦察员赴吉林省长春市将涉嫌诈骗的范某、林某和黄某抓获，缴获笔记本电脑、手机等作案工具。

据嫌疑人范某交代，为了骗取钱款，今年 1 月以来，他伙同女友林某、高中同学黄某在网上购买了他人的身份证信息，注册了多个账号。

范某在该网站发布出售 iPhone6 手机的信息，林某、黄某使用他人身份信息注册的账号进行购买，并由范某向林、黄二人发去手机模型，随后，林、黄二人以此为由向网站申请赔付。半年时间，3 人就自导自演了 10 余起"网购被骗案"，骗取赔付金 10 多万元。经讯问，3 人对诈骗网站的犯罪事实供认不讳。范某等 3 人已被朝阳警方刑事拘留。

网络诈骗主要是利用互联网技术将事实真相用虚拟的情况隐瞒，对个人财务进行骗取。网络诈骗具有多种形式，主要有信用卡诈骗、网络传销诈骗、中奖诈骗、旅游休假诈骗、话费诈骗等。同时，网络诈骗具有较强的隐蔽性和较快的传播速度，加上成本低，收益高，使得诈骗事件频繁发生，诈骗手段层出不穷。

范某、林某和黄某用非法手段骗取了 10 多万元，最终受到法律的制裁，自食恶果。我们学生要抵制诱惑，不能通过非法的手段钻规则的空子，否则最终会葬送自己的前途，辜负青春。

进现实

2016 年，山东临沂的徐某以 568 分的成绩被南京邮电大学录取。8 月 19 日下午 4 点 30 分左右，她接到了一通陌生电话，对方声称有一笔 2600 元助学金要发放给她。在这通陌生电话之前，徐某曾接到过教育部门发放助学金的通知。"18 日，女儿接到了教育部门的电话，让她办理了助学金的相关手续，说钱过几天就能发下来。"徐某的母亲告诉记者，由于前一天接到的教育部门电话是真的，所以当时他们并没有怀疑这个电话的真伪。按照对方要求，徐某将准备交学费的 9900 元打入了骗子提供的账号……发现被骗后，徐某万分难过，当晚就和家人去派出所报了案。在回家的路上，徐某突然晕厥，不省人事，虽经医院全力抢救，但仍没能挽回她 18 岁的生命。

2016 年，临沭县大学生宋某接到一个来自济南的陌生电话，对方在电话里称自己是公安局的，并说宋某的银行卡号被人购买珠宝透支了 6

万多元。"具体过程,我们也不了解,孩子去世了,现在已经没办法去核实。孩子后来去了银行,给对方转了 2000 元钱。对方还让孩子把小票撕掉,但孩子没撕。"在回家的路上,宋某遇到了亲戚,聊天时说起了这件事。亲戚说他被骗了,宋某这才意识到自己上了当,"我这么聪明的人怎么就被骗了。"宋某有点懊恼,他和亲戚去派出所报警,具体的报警情况也只有宋某知道。8 月 22 号,那个陌生电话再次联系宋某让其"还款"。据宋某的老师及同学介绍,当天,宋某不知道为什么把自己的生活费以及家中的现金存入了银行卡,下午宋某发现银行卡的钱(具体数额暂不清楚)都不见了。惶恐悔恨的他在晚饭时跟父母说了自己被骗的事,怕父母责怪说是被骗了 2000 多,他的父亲安慰他说:"没事,钱没了咱可以再赚,别太难过了。"本以为事情就这样过去了,宋某第二天也要回去上学,孝顺的他还在网上给他的妈妈买了新鞋,也给他爸爸买了新衣服。然而,悲剧还是发生了。8 月 23 日,天还没亮,宋某家人看到他睡在沙发上一动不动,走近查看时发现宋某已经停止了呼吸。

以上案例反映出当前我国网络诈骗的实际状况,其中网络电信诈骗更是带来了严重的经济损失。由于网络诈骗案的复杂性非常强,诈骗犯不会使用真的手机号和地址,而且很多都是团伙作案,也导致这些案件在调查时经费的支出大大增加。

网络不良行为多种多样,带来的危害都很严重,不仅直接损害个体心理和生理,还会给他人带来生命危险,给社会带来不良影响。

对个人来说,不仅荒废学业,还损害身心。沉迷于电脑之中的学生,参加集体活动的机会相应减少,也就减少了与人交流和交往的机会,慢慢离群,形成独来独往的习惯,不与人接触,不与人分享,养成孤僻的性格,甚至对现实中的正常人际交往产生排斥心理,无形中使现实中的人际关系变得疏远,从而导致人际关系的冷漠。

对身边人来讲,直接导致的后果是加重了父母负担。不断增加的网络购物活动,助长了学生的过度消费。近年来出现在高校中的各种"校

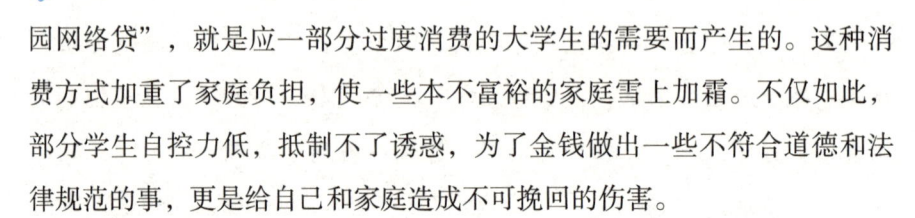

园网络贷"，就是应一部分过度消费的大学生的需要而产生的。这种消费方式加重了家庭负担，使一些本不富裕的家庭雪上加霜。不仅如此，部分学生自控力低，抵制不了诱惑，为了金钱做出一些不符合道德和法律规范的事，更是给自己和家庭造成不可挽回的伤害。

  从社会的角度来看，网络诈骗层出不穷，虽然人们经常谈论诈骗的案例和相关的新闻报道，实际上对受骗的群众并没有真正的关心，更多的是看受骗人的笑话。在这样的情况下，许多人不敢接陌生电话，甚至也不信任医院拨打的急救电话。网络诈骗不但引发人们的财务危机，更重要的是有可能引发信任危机，从而对社会的运转产生不利影响。

第三章

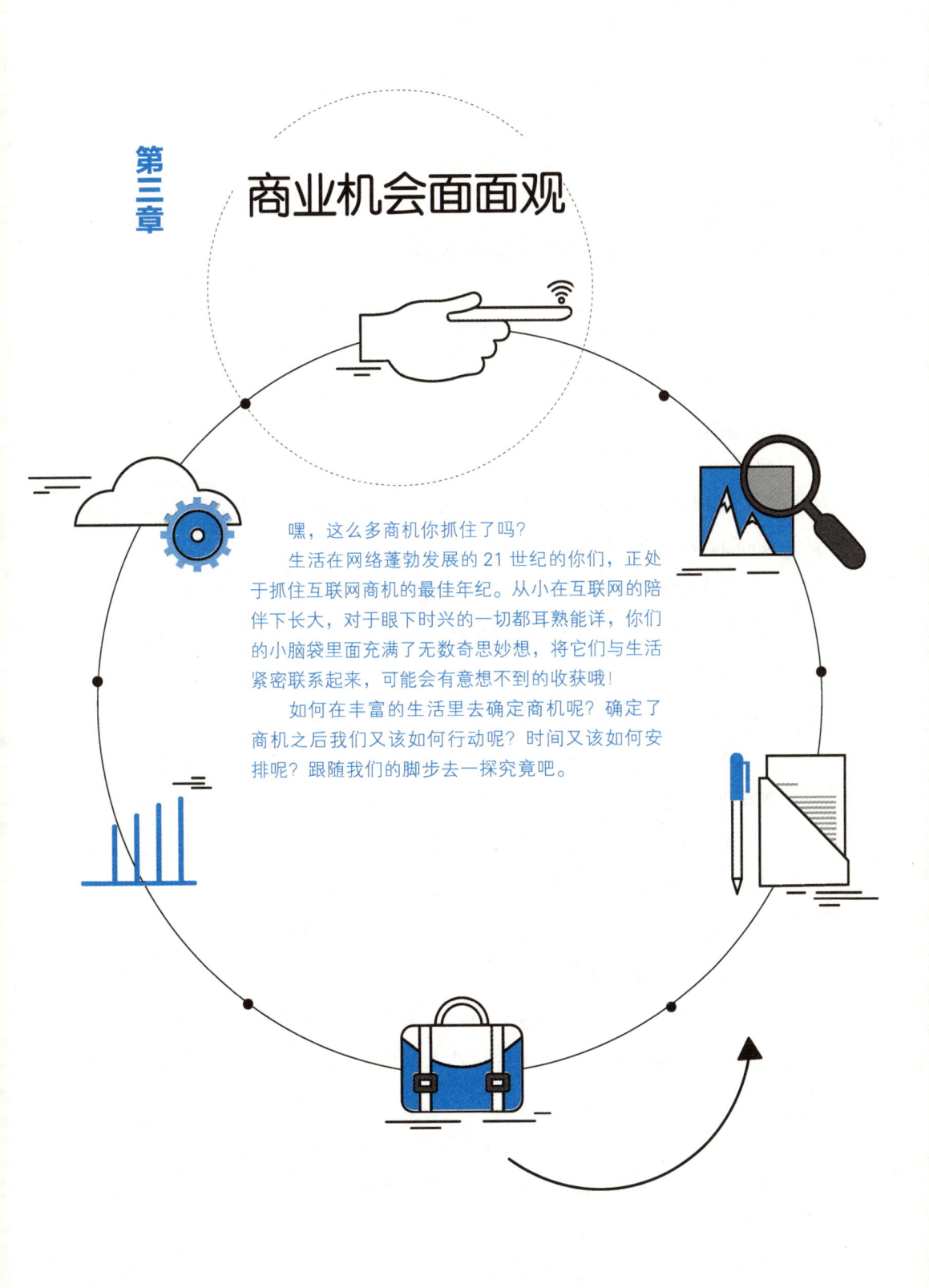

商业机会面面观

嘿，这么多商机你抓住了吗？

生活在网络蓬勃发展的 21 世纪的你们，正处于抓住互联网商机的最佳年纪。从小在互联网的陪伴下长大，对于眼下时兴的一切都耳熟能详，你们的小脑袋里面充满了无数奇思妙想，将它们与生活紧密联系起来，可能会有意想不到的收获哦！

如何在丰富的生活里去确定商机呢？确定了商机之后我们又该如何行动呢？时间又该如何安排呢？跟随我们的脚步去一探究竟吧。

第一节 "火眼金睛"抓机遇

听听他们的故事

2013年，雅虎以3000万美元的价格收购了阿洛伊西奥创建的Summly，这让他成为新闻头条人物。

孩提时代的阿洛伊西奥就对科学充满兴趣。因为喜欢神秘的天空，所以6岁的阿洛伊西奥开始阅读大学的天文学课本。12岁的时候，阿洛伊西奥随父母搬到了英国伦敦，在这里他热爱上了编程，于是开始自学。2008年，苹果应用商店上架不久，阿洛伊西奥就开始设计应用了。他先后在苹果应用商店上传了几个作品，其中第三个作品在上线的首日就给他带来了120美元的收入。"我想，这里面一定有些吸引人的东西。它进一步吊起了我开发应用的胃口。我每次做一个新的应用，都给自己设定一个新目标或者新挑战，这样我也慢慢地有了进步。"

Summly原名Trimit，是一款在iOS上运行的新闻阅读类应用。它利用自然语义方面的算法，可以将新闻内容提炼为不到400个单词的摘要文章，用户只需花上不到1分钟的时间就可以了解到新闻中最关键的信息。用户可以按照内容主题或关键词快速浏览新闻，如果感兴趣的话就可以进入原始链接阅读全文。

Summly漂亮的版面设计也吸引了不少人的注意。在Summly的主界面中，不同的新闻内容以不同的背景颜色标出，而用户通过手指滑动的方式就可以更新主界面的文章。

Summly 发布后，阿洛伊西奥获得苹果公司的称赞。该应用跻身 2012 年最佳 iPhone 应用之列，它在苹果应用商店的下载量已达近 100 万次。

现代人对时间的需求十分强烈，通常情况下已经没有几个人能够在有限的时间里读完一篇冗长的新闻稿了，这款应用正好可以解决这个问题。它在一定程度上满足了人们每日碎片化阅读新闻的需要。

原来如此

随着科学技术的发展，互联网经济已然占据了我们生活的"半壁江山"。现在的年轻人已经能独当一面，利用互联网去发展自我，书写出自己的灿烂人生。

众所周知，知识经济是以电脑、卫星通信、光缆通信和数码技术等为标志的现代信息技术和全球信息网络"爆炸性"发展的必然结果。在知识经济条件下，现实经济运行主要表现为信息化和全球化两大趋势。这两种趋势的出现与信息技术和信息网络的发展密切相关。

现代信息技术的发展，大大提高了人们处理信息的能力和利用信息的效率，加速了科技开发与创新的步伐，加快了科技成果向现实生产力转化的速度，从而使知识在经济增长中的贡献程度空前提高。全球信息网络的出现和发展，进一步加快了信息在全球范围内的传递和扩散，使传统的国家、民族界线变得日益模糊，使整个世界变成了一个小小的"地球村"，从而使世界经济发展呈现出明显的全球化趋势。

因此，知识经济实质上是一种以现代信息技术为核心的全球网络经济。

2017 年 12 月 21 日，中国首届"互联网+"青少年发展大会在国家会议中心召开。为积极贯彻党的十九大精神，团结带领广大青少年争做"中国好网民"，让广大青少年成为"清朗网络空间"的践行者、受益者和创造者，共青团中央网络影视中心、中国互联网发展基金会联合主办，未来网、中国青年创业就业基金会承办了本次大会。

共青团中央书记处书记傅振邦出席开幕式并致辞。傅振邦指出，当代青少年一出生就置身于互联网浪潮中，互联网是他们"放眼看世界"的必经桥梁，构建清朗网络空间对他们成长成才至关重要。

知识传送门

置身于这一浪潮中的青少年们，该如何运用自己的"火眼金睛"来发现机遇呢？

1. 思想决定一切

美国科技博客 Business Insider 近日刊载文章称，现在许多年轻的科技行业从业者都是刚刚毕业的大学生，更有甚者，很多正在冉冉升起的新星连 20 岁都不到。即便拥有大学学历和在学校里培养的人际关系，要想取得成功也是件非常艰难的事情。对于那些只有十几岁的青少年来说，他们能成功开创公司，并吸引成千上万的用户，还创造收入，的确令人钦佩了。他们在年少时已是胸中有丘壑，眼里存山河。

德里安·爱斯帕洛霍夫从麻省理工学院辍学，开发了一种可帮助病人记得服药和帮助看护人记得让病人服药的服务。

爱斯帕洛霍夫在麻省理工学院求学时就创立了 Nightingale 服务，可追踪病人的服药日程。随后，他接受了少年创业者计划"Thiel Fellowship"的资助，并从麻省理工学院辍学。据爱斯帕洛霍夫的博客显示，他目前在移动支付服务提供商 Square 担任开发员，同时还是风险投资基金 Rough Draft Ventures 的合伙人，该基金主要对波士顿的学生科技创业者进行投资。

凯文·彼得洛维奇从普林斯顿大学辍学，创建了一家想要将传统租车公司取而代之的公司——FlightCar。

FlightCar 允许旅游者将其汽车停在机场，在他们外出旅游期间将其租给别人，其服务与 Airbnb 类似。FlightCar 已经从一些知名投资者那里筹集到 610 万美元的风险资本，其中包括 Airbnb 和 Reddit 的创始人。此外，创业公司孵化器 Y Combinator 也为该公司提供了支持。

安德鲁·布莱金在其 19 岁时，已经想要解决旧金山的停车难问题。

布莱金是伦敦人，后来搬到美国加州，因为他想要成为少年创业者计划"Thiel Fellowship"的一员。他建立的创业公司名为 Spot，目标是让人们能在旧金山更方便地停车。

威廉·莱盖特 13 岁时就已经开始开发应用，现年 19 岁的他成立了一家名为 Synapps 的新创业公司，想要"彻底改造我们发现和使用应用的方式"。

莱盖特也是少年创业者计划"Thiel Fellowship"的一员，他在 14 岁时就成立了 iOS 应用开发公司 Imagination Research Labs。自那以来，他已经开发了十多个应用，有十二分之一的美国青少年在使用这些应用。

希恩·麦克厄尔拉什 17 岁时，已经是初创公司 Hallway 的联合创始人兼 CEO。Hallway 是针对高中生的在线门户网站，高中生们可以针对学校的科目进行提问或解答，例如微积分或者高等代数，最大的好处是一群热心的同龄人互相帮助完成家庭作业。

从上述"有志不在年高"的少年创业者的案例中可以发现，他们在孩童时就开始发展自己的兴趣，思考并规划自己的"商业计划"。每个人都热爱自己的"事业"，为完成自己的理想挥洒青春。所以，抓住机遇，首先要有开创事业的想法并为之努力。

2. 着眼于身边，从日常生活中的细枝末节中发现商机

这些青少年创业者们并不是盲目地开始，他们无一不是着眼于身边，从日常生活的细枝末节中发现商机，而不仅仅是虚无的、戏剧般的"梦想"。其实很多商机都是从生活中发现的，但除了发现商机以外，还需要有效的创新。最有效的创新应当是把手边能利用的东西利用起来，得到另外一种解决问题的方式。

当人们抱怨新闻篇幅冗长，时间不够，阅读太过麻烦的时候，阿洛伊西奥开发了 Trimit；当其他人进了名不副实的酒店，抱怨环境太差的时

候，阿加瓦尔创建了 OYO Inns；当你驾车去机场时，大部分人会选择让朋友帮忙将车开回家，而凯文发现了商机，FlightCar 允许旅游者将其汽车停在机场，在他们外出旅游期间将车租给别人。

这些奇思妙想的创业点子往往令我们惊叹于他们的智慧，而懊悔自己没有想到。然而，你就真的想不到吗？生活中处处有商机，就看你是否能够发现而已，哪里有人聚集，流量就在哪里，哪里就是我们的机会。

要想发现商机，应当运用好自己的"火眼金睛"，从自己身边开始仔细观察。

3. 敢于创新，想他人之未想，行他人之不敢行

在网购服务便利大众之前，没人想过足不出户就可以购买自己所需之物，没人想过即使在偏僻的山村也可以收到来自全国各地甚至全球的包裹。生活在思潮汹涌时代的年轻人，要敢于创新，想他人之未想，行他人之不敢行，真真切切地做到便利人们的生活。

创业者要具有敏感性，要细致而敏锐地寻找线索，认真推敲自己的想法，仔细检查各项证据，才能形成判断，识别出最好的商业创意。

在如今这个社会，大多数人已经得到了生理需要、安全需要的满足。人们对于高级需求（归属与爱的需要、尊重的需要、自我实现的需要）

的满足就更加迫切了。互联网经济的发展意义也在于此，其主要的五大类型——电子商务、互联网金融、即时通信、搜索引擎和网络游戏，无一不是为了让人们的生活更加方便快捷，娱乐方式更加多样化而存在的。

如今，网络创业吸引了越来越多的人投入其中，形成了网络创业一浪高过一浪的热潮。初次尝试网络创业的青少年，事先要进行多方调研，选择适合自己产品特点又比较成熟的平台。

第二节 "深谋"才能无虑

听听他们的故事

诺基亚公司成立于 1865 年，是一家移动通信产品跨国公司，总部位于芬兰，经历一个半世纪的发展后，成为世界上最大的通信设备供应商。诺基亚是移动通信的全球领先者，凭借经验丰富、创新、用户友好以及可靠的解决方案，诺基亚成为移动电话的领先供应商，同时也是移动、固定宽带和 IP 网络的领先供应商之一。通过将移动通信和互联网有机结合，诺基亚不仅为企业创造了更多的商业机会，也使人们的日常生活更加丰富多彩。

自从 2007 年 iPhone 出现之后，诺基亚的利润从领先行业的 35 亿美元降到 13 亿美元以下，市值也在不断缩水，市场占有率一度下跌到 50%。在 2011 年第二季度，诺基亚连续 15 年全球销售第一的地位也被苹果和三星超过。

原来如此

诺基亚衰落的原因有很多：产品设计无亮点，缺少独特功能，没有竞争优势；技术创新滞后；产品推出和营销策略不对路；管理层对市场认识不足；转型的选择错误；等等。归根结底，在于诺基亚对自身的发展并没有做好一个全面的计划，所以在面对商业竞争时无法做出正确的判断，发挥自身的优势，在经济大发展的浪潮中被挤到岸边。

有一个整体、全面的计划是商业成功必不可缺的因素。只有全面完整的有发展性的给自己存有保留空间的商业计划才可以在商业浪潮中承受住狂风巨浪，顽强地存活下来。

制订一份有价值的商业计划书，不仅可以用来融资，同时也能让经营者用相对理性的眼光来观察和梳理影响企业生存和发展的内外部因素。从某种意义上说，制作商业计划书的过程也是在为企业做战略规划，明晰未来发展路径。

知识传送门

在我们发现商机后，首先需要制订一份商业计划书。而要想写出一份好的商业计划书，第一点便是要了解何为商业计划。

商业计划是指在战略导向下，通过确定的商业模式实现阶段性战略目标的一切计划和行动方案。制订商业计划需要从深入分析行业发展趋势、研究竞争对手的竞争能力和竞争策略、理清自身的基本情况入手，选择业务发展方向，确定生意模式（包括产品和服务、竞争策略以及盈利模式），制订经营目标和行动计划（包括组织资源、配置资源、风险防范等），编制出以商业计划为基础的财务预算。

了解了何为商业计划后，下面我们谈谈商业计划的作用以及为何要制订商业计划。

银行和信贷机构在决定是否给你贷款时，会仔细地审查你的商业计划书。商业计划书包含了你和你的员工用于判断是否成功所使用的主要标准。商业计划书可以帮助你确定第一步做什么、第二步做什么以及不做什么，所以应该创建一份包含有目标、预期成本、营销计划和退出机制的商业计划书。商业计划书应当是展示期望如何成功以及用来衡量是否成功的标准的详细资料。

（一）为什么要花费时间制订商业计划

商业计划并非只是创业企业所必需的，对于那些已经建立的组织也是一种很好的实践模式。制订商业计划是一项非常有价值的商业活动，当然前提是计划制订正确。需要牢记的是，制订一份好的商业计划并不一定能带来一个盈利、繁荣的企业。

1. 制订商业计划是使创业者集中精力思考问题的有效方法。创业者能够明确目标，并对自己组建、经营企业的能力进行评估。

2. 创业者通过制订商业计划，能够确定具体的目标和参数，并以此为尺度衡量业务的进程与盈利性。

3. 能够完全自筹资金的创业者相对较少，大多数创业者面临的一个问题就是外部融资，有的在创业起步阶段，有的在后期企业扩展及成长时期。对于这些人来说，是否有一份好的商业计划决定了他们的结局。

（二）商业计划——思维聚焦仪

企业老总通常要回答以下四个基本问题，以形成基本的规划：我们现在所处的位置如何；在若干年内我们需要成为什么样的公司；要想达到这个目标需要做什么；我们如何去做那些必须做的事。

提出问题、解答问题这一过程是制订商业计划的核心所在。问题主要是企业存在的目的是什么，它将在哪个市场运作。创业人必须考虑商业项目的可行性，考虑自己是否真正具备取得成功所不可或缺的能力和条件。

（三）商业计划——进展与业绩的标尺

每个新生企业都必须明确经营目标和范围，但只是简简单单地写上一句还远远不够，必须将目标具体化，才能判断既定目标是否能够实现或已经实现。目标的细化可以通过制订财务计划和市场营销计划来实现。

（四）起点阶段与扩展阶段的融资

任何有志于创业的人都必须具备制订完备而清晰的商业计划的能力，特别是在需要外部融资的情况下。现在已经有不少商业计划的标准格式，因此写出一份商业计划并非难事，但是制订一份好的商业计划则需要缜密的思考与大量的投入。

（五）商业计划的更新频率

商业计划一般每年更新一次。对于绝大多数小企业来说，预测一年以上的预算和资金不太现实，而短于一年的预测又不足以提供有用的信息。很多公司的做法是，如果发生某些重大变化，就每半年对商业计划进行一次修改。制订商业计划是一个持续不断的过程。

（六）商业计划制订的详细程度

这个问题在很大程度上取决于业务的类型、规模、复杂性和经营活动的类型。一般而言，倾向于制订比较详细的商业计划。

了解了商业计划的重要性之后，下面，我们来学习如何制订一份商业计划。

商业计划就是创业者手中的武器，是提供给投资者和一切对创业项目感兴趣的人的，向他们展现创业的潜力和价值，说服他们对项目进行投资和支持。

因此，一个好的创业项目必须有一个好的商业计划书，要使人读后对下列问题非常清楚：

1. 公司的商业机会；
2. 创立公司，把握这一机会的进程；
3. 所需要的资源；
4. 风险和预期回报；
5. 对你采取的行动的建议；
6. 行业趋势分析。

商业计划书不是学术论文，它可能面对的是没有技术背景但对计划有兴趣

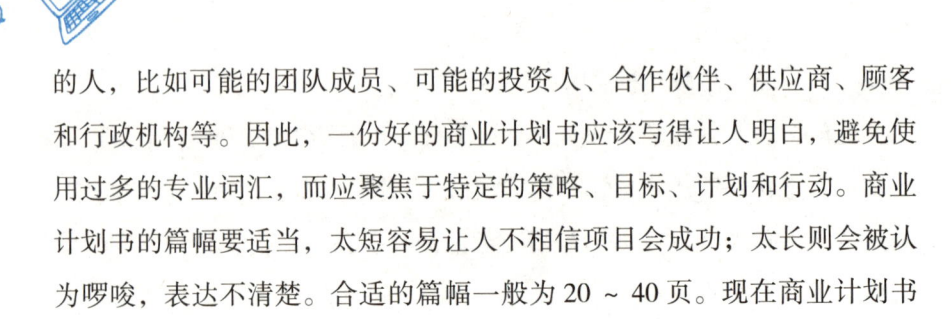

的人，比如可能的团队成员、可能的投资人、合作伙伴、供应商、顾客和行政机构等。因此，一份好的商业计划书应该写得让人明白，避免使用过多的专业词汇，而应聚焦于特定的策略、目标、计划和行动。商业计划书的篇幅要适当，太短容易让人不相信项目会成功；太长则会被认为啰唆，表达不清楚。合适的篇幅一般为 20～40 页。现在商业计划书的趋势是回归基础，并要求具有良好的预测和可靠的分析。

编写商业计划书的基本步骤大体分以下三个阶段：

首先，准备阶段。制订商业计划书的工作计划；确定商业计划书的目的与宗旨，商业计划书的篇幅与总体框架，商业计划书编写的日程安排；确定编订小组的人员构成，组建商业计划小组；搜集企业内部、外部的资料。

其次，起草阶段。包括草拟执行纲要，执行纲要是商业计划书最重要的组成部分，是商业计划书的读者最先看到的部分，也是风险投资商决定是否阅读计划正文的依据；草拟商业计划书概要、初步计划；完成最终的执行纲要和商业计划书的完成稿。

最后，修改阶段。补充、修改、完善、定稿，装订成册。

一份商业计划书应包含以下几个部分：

（一）公司的目标

用简洁精练的语言解释公司的短期目标和长期目标、增长速度以及主要客户有哪些。

（二）执行摘要

执行摘要需要介绍公司的商业策略。这对银行和信贷机构来说是最重要的一部分，必须在商业计划书的前几页就使信贷官员相信你的商业计划是切实可行的。

执行摘要也是员工和潜在客户之间沟通的一个重要工具。在支持你之前，他们首先需要了解你的想法和你的企业。

（三）管理团队的介绍

包括管理层成员的名字和背景，一定要包含他们各自的职责。

（四）为何创办该企业

简单明了地解释公司的起源，请一定要包含你或你的合伙人是如何想到要创办该企业的。

（五）计划提供的服务或产品

计划的关键部分是介绍你的产品或服务与当前的产品或服务相比有何不同之处。

（六）服务或产品的潜在市场

请记住，必须使信贷方、员工和其他有关各方相信，你的目标市场相当大，而且还在不断地增长。你需要为商业计划书的这一部分做一些调查。对于区域性企业而言，应该确定在特定的地理范围内对你的产品或服务的需求，在此基础上确定合理的市场范围。对于基于互联网的企业或二者兼有的企业，应当评估本地区和全国范围的市场对该产品或服务的需求。如果用专业的调查公司来做调查报告，会需要巨额的资金，你可以从互联网中获得基本资料。

（七）营销产品或服务的策略

你计划如何让外界知道你的企业已经开张？只靠口头相信吗？通常情况下，这不是一个好方法，除非你已经在所在行业内有了一定的信誉。会在报刊、电视、网站（或三者都有）上面刊登广告吗？会使用在线市场营销工具把公司列入搜索引擎并在其他网站上做广告吗？一定要在商业计划书中包含有关营销预算的资料。

（八）确定一个三到五年的财务规划

这一部分应当包含一个带有表格的财务预测摘要，还应当包含整个预测阶段内的资产负债表、收益表和现金流规划。应当在这一部分让潜在的信贷方知道你需要多少启动资金。你在这一部分所做的设想，可能使你的公司成功，也可能失败。如果对这类财务模型不太熟悉的话，请找一个专业人士帮助，在这方面花点钱是值得的。

（九）退出策略

这是一个好的商业计划书中最重要的部分之一。许多小型企业主将

卖掉他们的公司作为退出策略。你可以把公司转让给其他人或让公司上市。你可以基于以下方面制订退出策略：现金流、收入增长、市场对商业理念的接受情况或高级管理人员之间的协议。不管决策如何，都必须为你和你的投资者回收投资制订一个计划。

（十）有关附件

1. 项目承担单位工商登记营业执照（复印件）；

2. 企业资质证书、专利证书、特殊行业许可证和产品获奖证书（复印件）；

3. 项目银行贷款承诺书、自有资金证明材料（原件）；

4. 项目若有基本建设内容，还需有项目规划、土地、环保意见（复印件）；

5. 与项目相关的其他证明材料或文件等。

第三节 商业也需"秒杀"

听听他们的故事

高露洁公司的前总裁鲁本·马克曾被《商业周刊》评为全美最优秀的六位企业家之一。在即将退休之际能够获此殊荣，确实令人赞叹。而这迟来的荣誉，是因为高露洁在鲁本·马克的率领下打败了佳洁士，获取了牙膏领域的主导地位。

一直以来，佳洁士在美国市场是当之无愧的龙头老大。于是高露洁便瞄准了中国市场。他们早在1992年便进入中国市场，那时中国市场刚刚起步，一元复始，万象更新。高露洁发现整个中国企业界对消费者心智资源的认识还很模糊。牙膏企业还在强调清新口气、洁白牙齿等等，什么功能都追求，并且经常变来变去。高露洁深知，随着生活水平的提高，消费者必然对防止蛀牙越来越关注，他们率先推出了"防止蛀牙"这一定位，迅速进入中国市场，开始了单一而集中的诉求：防止蛀牙。

高露洁通过在央视投入巨额广告来抢占市场，并且是第一个敢于和中国企业一起抢购央视黄金时段的外资公司。四年后，当佳洁士反应过来的时候，虽然其投入了更多的预算进行反攻，结果却是屡屡战败。大家或许还记得当年的央视热播的两个很类似的广告，都是拿着贝壳敲来敲去，很多消费者都把这两个广告当做高露洁做的，觉得高露洁的广告量真大，对于高露洁防止蛀牙的印象更加深刻。

原来如此

高露洁的成功印证了，在商业中要有自己的定位和商业思想，并且要把握时机。在投入时要全面考虑未来的发展方向，给自己留一些可供调整的空间。

商机无论大小，从经济意义上讲一定是能产生利润的机会。商机表现为需求的产生与满足的方式在时间、地点、成本、数量、对象上的不平衡状态。旧的商机消失后，新的商机又会出现。没有商机，就不会有交易活动。

商机不会以"白话文"的方式对你直抒胸臆，它更愿意用"猜字谜"的方式婉转地来到你身边。看似很远，实则很近。需要的是一双雪亮的眼睛和一种果断的态度，最重要的是一身功底。没有洞察力就难以发现商机，没有执行力就容易错过商机，没有知识储备就不能有效运用商机。

只要你留心观察生活中的细微变化带来的需求改变，然后主动制订满足方案，尽量全面周到地去考虑未来的发展，并且能够根据实际情况做出合理的调整，那么你就是解决这个问题的第一人，也就是商机的发现者和拥有者，就会成为商业的成功者。

知识传送门

在商业计划的制订过程中，我们应当已经做了充分的市场调查，这为我们对创业项目进行市场预测和制定营销策略提供客观正确的资料。

创业的时机往往是十分短暂而宝贵的。我们又该如何在一个月内具体执行创业计划呢？

第一天：要有一个可行的主意

一开始要考虑你的核心创业理念能不能变成可行的商业行为。你怎么知道这个想法会不会成功呢？这无法做到百分之百的肯定。从想法开始谨慎思考，尽量诚实和客观地面对自己，并问自己这样一些问题：

1. 是否有人需要（或想要）你将出售的东西？需求会不会很糟糕呢？他们希望以多少钱获得呢？思考这些常识性问题，接下来就是做仔细全面的市场研究。

2. 你怎样让顾客来购买你的产品呢？虽然就调查结果来说，人们将踏破门槛、争先恐后地来购买你的产品，但最后事实并非总是如此。想想看，如果是你在创业，那会是什么样的情景。

3. 他们现在是否已经购买了其他产品？你确信顾客将来会为你提供的产品而掏出钱包吗？

4. 你应该如何聚焦呢？你是否已经有了战略？

这些问题的答案似乎是显而易见的，但这样做的好处是给自己一个实战检验。从本质上讲，你是在思考自己的产品或服务是否有市场。如果需要投入很多钱，尤其是别人的钱（如投资者）的话，做好背景调研就很重要。

第二天：确定公司的股权结构

确定公司的股权结构并没有什么公式。如果你是与人合作创业的话，确定公司的股权结构时可能会让你尴尬。但是相对于等到资金开始注入后才考虑股权结构，现在就这样做更容易。确定股权比例，谁做了什么，

谁想出的主意，价值是多少，这并没有什么模式，最直接相关的因素是金钱投入。如果你花费了时间和精力（即所谓的人力资产），这些都可以换算成金钱。最初的商业构想是难以估值的，想法本身真正的价值很小，因为它的价值跟你后来的工作相关。

就目前而言，先要确定股权结构，然后一起朝明天出发。

第三天：完成书面协议

现在你已经清楚了与股权相关的潜在问题，这时候要将它具体化了。今天，应该形成一个书面协议的草案。我们这样说并不意味着要去找律师，我们的意思是，与愿意共同创业的人一起写下要点。现在你并不需要接触到正式的法律文本。你需要的是一个简单的、清晰的协议：股权比例、各自投入的资金、投入的时间和各自拥有哪些权益。

第四天：为公司取名

也许你会使用自己的名字，但通常不止于此。公司的名字不仅要与商业创意相符合，还要确定它是否可用，然后去工商部门登记该名称，使之在法律上归属于你。

为公司取名这个事情，从想法开始，你要慎重考虑这件事。许多人会因为公司名称而误解你可以做和不能做的事情。你可能会在澄清这些误解上浪费大量的时间。

第五天：考虑最初的销售预测

人们都不愿意去预测未来的销售，但如果没有这一步，你的企业将不会成功。如果没有销售预测，你怎样估计为此而支出的费用呢？如果不知道销售，你怎么能估计自己最初的现金需求？这是启动成本的一部分。

很多人认为销售预测是一件非常复杂的事，他们不知道该怎么做。不要担心，在现实世界中，销售预测可以进行有根据的推算。

你怎么去预测一些全新的事情呢？答案是将其分解开来。在电子表格上建立12个月的销售模型，估计每个月的销售收入，就能得到大致的销售预测。

第六天：进行最初的费用预算

和销售预测一样，制定一个电子表格，以柱状图列出每个月初步的费用预算，包括租金、水电费、营销费用和工资等。请记住，还应当包括你付给自己的工资。

第七天：估算启动成本

启动成本包括两个简单的表格：在没开张以前你将承担的费用，和你需要拥有的东西（即资产）。费用包括法律费用、确定办公费用、建立你的网站的费用等等。资产包括你打算出售的产品（库存）等。

更难估计的部分是你必须在银行存多少钱，以支持公司度过早期现金流青黄不接的阶段。你必须每个月都着重关注这件事，比较你的销售收入和支出费用，留心现金的进出。请记住，在大多数 B2B 交易中，买方都有一定的付款期限。

第八天：规划你的营销战略

思考你的目标市场，想象一个假设的、理想的客户，确定他的年龄、性别、职业、最喜欢的媒体和家庭状况等。重要的是要了解你的客户。

你的广告词是什么？你能用一句简单的话来总结吗？如果顾客愿意当面听这一句话，那么你会怎么说呢？如果你发送邮件又该怎么说呢？你如何达到这些目标？

思考你的营销策略和执行细节。花点儿时间想出一个简明扼要的营销计划，以确保你明确如何将企业推向市场。

第九天：确定产品外观和形象

开始规划产品的外观，了解你的买家将对公司产生什么样的印象。你的标志将是什么样子呢？它会传达什么意义？怀旧的、值得信赖的还是前卫的？每个公司都有一个品牌理念，你当然也要确定下来。你将如何把这一想法传递给客户和潜在客户？

通过标志、信笺抬头等来宣传你的产品外观和品牌形象。这些都是你的品牌精华，你需要很好地利用它们，然后才能走得更远。

第十天：开始建立网站

你开始建立自己的网站了吗？你有没有考虑过这件事？今天应该开始了。

如果你要把网站作为你业务的核心，那么你的网站必须在三周之内解决一些简单的问题。

大多数企业可以非常迅速地拥有一个网站。思考你的网站需要哪些基本要素，至少要让顾客能从网站获得关于企业的基本信息、产品或服务。

现在看来，还有一些很好的捷径。互联网上有很多可以帮助你快速建立网站的工具，适用于许多小型公司。

第十一天：考虑怎样收回销售款

思考你的客户将采用何种支付方式。如果你是将产品销售给消费者，那么你可能需要建立一个商业账户，以便你可以接受信用卡付账。

现在，由于网络供应商的出现，你有了更多的选择。在过去，你必须到本地银行去办理，这需要你提供很多细节信息，并且耗时耗力。现在，你可以选择在一些网上商店来做这些事情，它们将帮你处理掉很多类似的事务。

如果你销售产品给企业，下一步应该思考如何给这些企业客户提供发票和信用政策。一定不要低估如何获得付款的重要性。

第十二天：尝试做交易

你现在有能力出售产品了吗？也许你应该考虑今天去尝试兜售货物，即使你的企业还没有完全建立起来。大量的企业在完全建立起来以前就开始销售产品和服务了。这可以帮助你确定人们是不是想买你所销售的东西。

如果你不能售出东西，但事情都准备好了，那就继续说服别人。只要你的企业已经开门，销售就继续进行。我们把这件事情放在这里的原因是，许多企业都是在找到第一个客户的那一刻才真正诞生。

第十三天：解决有关保险的问题

该去找一家保险经纪公司或直接找保险公司了，开始为你的企业购买保险。这些天来，你可以做大量研究，甚至可以通过网络做一件完整的事。如果没有，记得通过电话寻找合适的人。跟任何你能想到的保险经纪人交谈，问一些你关心的问题。如果他不是合适的人选，问问别人你应该找什么样的人。

第十四天：建立梦之队

你有没有思考如何建立你的团队？你知道自己想招聘什么样的人吗？现在要寻找管理团队的人和员工，并开始招聘流程。根据你的具体情况，你可能会需要相关职位说明，还需要在合适的网站上投放招聘广告。

开始思考你的雇员名单。你需要谁来帮助自己展开业务呢？他会成为你的企业的合伙人吗？你需要雇用服务人员、司机、设计师吗？

开始做这件事情的时候，再看看你最初制订的财务规划，确定可以花多少钱来聘请人员。

第十五天：确定办公地点

大多数人要么在家中上班，要么找个新办公室。他们都会考虑一个合适的办公地点：外观如何，地点在哪里，附近应该有些什么，等等。

即使是一个家庭办公室，你也应该考虑这些事情：桌子、电脑、电话、互联网接入以及安静的会客室等一切你所需要的办公条件。

对于零售商店来说，还需要车间或办公空间。如果你还没有做这样的事情，那么请开始寻找。另外，房产经纪人也是可以帮到你的角色。找一个合适的房产经纪人，他会明白你想要什么。

现在就开始建设自己的办公室，不管是在你的家庭办公室里简单地增加桌子和电话，或者是拨打电话叫人改装餐厅或加工厂。对于一些个人和企业来说，这些事情可能要超过三个星期。有时候，你甚至不能确定到底把办公室选在哪里。但是，开始规划办公空间是你现在该做的工作，如果过于懈怠，可能会导致公司开张日期滞后。

第十六天：设置账户

利用一些优秀的财务软件，你可以跟踪每一笔交易、每一张支票、收发的每张发票。请仔细跟踪开支和发票类别。选择合适的财务软件，看看是否与你的开户银行相关系统兼容。

第十七天：创建法律文件

最初，你同其他参与者写下的协议是为了确定每个人拥有企业的股份比例，谁做什么，谁投入了多少钱。然后你开始利用法律来保护企业名称。现在，你要开始通过网络或者跟律师了解创建公司实体的情况。

当然，在你找律师介入以前，自己也可以做点事情，确保你了解所有的基本规则，这样你就可以让律师帮你做更多的事情，而不用费劲去理解每个条款。我们建议最好咨询一下律师，但如果你在这方面见识广博，就会节省一些支出。

第十八天：开始招聘

你即将结束为期三周的创业启动期。仅仅剩下三天时间了，所以如果你要招募员工一起工作，现在应该确定雇用哪些人，或至少开始考虑雇用了。上周你就开始了招募过程，所以你应该心中有一些人选了。

在面试以前，要认真阅读对方的简历，考虑哪些问题你能问，哪些又是不能说的。很多似乎是常识性的问题，实际上不适合问。例如，你不应该问别人的年龄和婚姻状况，因为这可能会导致私人信息的泄露或出现歧视。

第十九天：获取资金

这又是一个依赖于细节的事情，既有做出花费数千元那样的轻松决定，也有为了从专业投资者那里募集数百万元资金而必须承受的艰难。

简单的创业资金，可能只需要一个家庭办公室和一台计算机，短短的一个下午，你就能完成。如果你想要筹集更多的钱，那么需要写一份详细的商业计划书，寻找潜在的投资者和做更多的工作。如果你正在寻找专业的投资，几乎可以肯定不会在三个星期内完成（尽管有一些罕见的例外）。你仍然可以使用迅速筹得的钱来启动业务，公司运转起来，会对投资者有更强的吸引力。

第二十天：准备开张日

这应该很有趣：你想象着一个大舞会，有绚丽的探照灯，激情四射的铜管乐队。当然，也许不是这样，但开幕当天的活动是一个企业进行营销的合适机会。

规划你的开张日，并确保每个人都知道这个日子。这是一个机会，写份新闻稿，告诉当地的记者，让更多的普通人知道你的企业。当然此前你就应该建立口碑，那么当你的新企业开张时，人们都会知道你了。

第二十一天：开始运作

正如我们所希望的，从启动到运行，所有的事情都在三个星期内完成了。今天，你需要把它当作取得成功销售的新开端。

关注今天，看看到底有多少消费者。记住，要观察哪些方面正常运行，哪些地方出现了偏差，并记录下来，想想以后怎样才能做得更好。

也许，你的企业将很快变得超出预期，这也很正常。关键是要记录下偏差以及原因，并提出改进措施。在现实世界中，规划应成为管理中的一部分。因此，经常审查计划与实际的差异，这样你的企业将运行得更好。

第四章

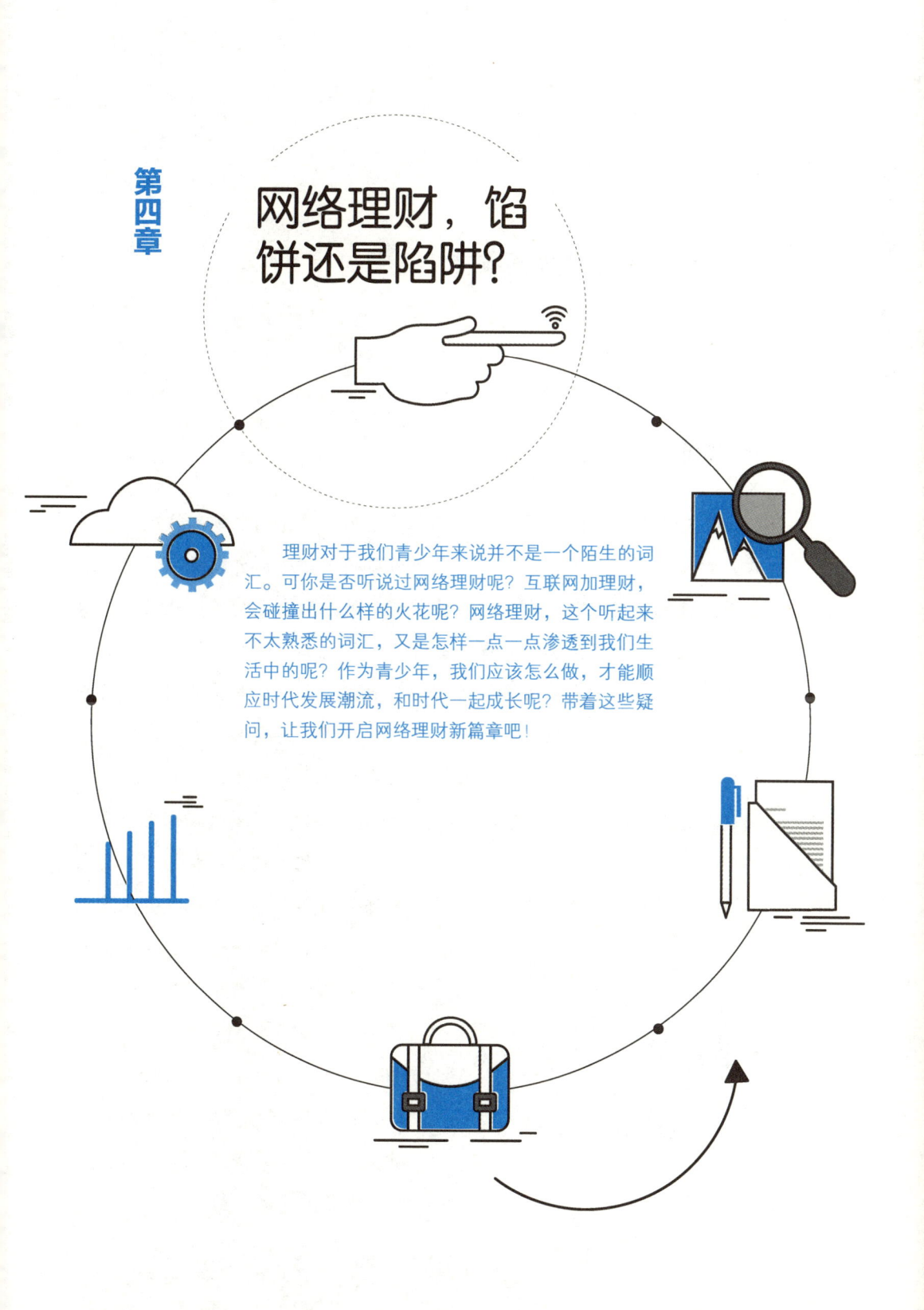

网络理财，馅饼还是陷阱？

理财对于我们青少年来说并不是一个陌生的词汇。可你是否听说过网络理财呢？互联网加理财，会碰撞出什么样的火花呢？网络理财，这个听起来不太熟悉的词汇，又是怎样一点一点渗透到我们生活中的呢？作为青少年，我们应该怎么做，才能顺应时代发展潮流，和时代一起成长呢？带着这些疑问，让我们开启网络理财新篇章吧！

第一节　网络消费宜适度

听听 他们的故事

今天是周日。15 岁的小 A 被门铃声吵醒,是上门取件的快递小哥。昨天他收到了前些天网购的裤子,因为尺码不合适需要换货。他付了运费,15 元的运费让他觉得有些心疼。随后他想到自己购买了运费险,心里舒坦很多。爸爸妈妈今天有事出门了,小 A 懒得做饭,就打开了某外卖 APP 开始挑选自己的午餐。在等餐的时候,他收到同学的消息,让他点开链接,为她在某购物 APP 上"助力",获得现金红包。半小时不到,餐送到了。小 A 打开某直播 APP,看到某主播在直播带货。小 A 边吃午饭边看直播,主播今天在卖某品牌保温杯,价格比当地的商场便宜很多,小 A 想到妈妈的保温杯丢了,就在直播间下单了一个保温杯。吃完午饭,小 A 和同学一起去当地百货大楼买篮球,他们看了好久,最终还是决定在某购物 APP 上下单,因为 APP 上折扣力度很大。买好篮球之后,小 A 和同学在某团购 APP 上购买了火锅二人餐,吃完晚饭,小 A 心满意足地回了家。

原来如此

在电子商务蓬勃发展的今天，我们越来越离不开网络购物，各类购物 APP 充斥着我们的生活，各路"直播带货"达人引导着我们的消费取向……网络购物已经成为一种生活方式。

网络购物是消费者在网络媒介的帮助下，在移动端或 PC 端购买商品的过程，它的主要特点是买卖双方看不见对方，却能实现交易活动。借助网络，消费者在屏幕前浏览商品信息，并用信用卡、第三方支付等方式下单付款。

随着信息时代到来和互联网技术不断发展，网络购物体现出了难以替代的优势，日益取代线下实体店购物，成为消费者购物的主要选择。自 2009 年第一场"双十一购物狂欢节"创办至今，"双十一"消费额及其增量令人咋舌（见图 1），网络消费越来越成为人们生活中不可或缺的一部分。

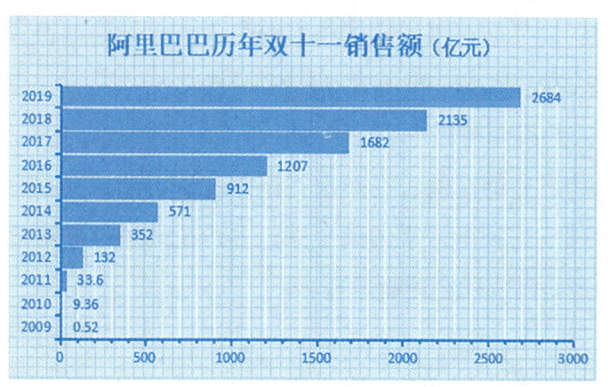

阿里巴巴历年双十一销售额（亿元）

年份	销售额
2019	2684
2018	2135
2017	1682
2016	1207
2015	912
2014	571
2013	352
2012	132
2011	33.6
2010	9.36
2009	0.52

图 1

知识传送门

近年来，网络购物的规模和用户呈现爆炸性增长，它带给我们方便快捷的同时，也暴露了一系列问题。

1. 个人信息安全问题

隐私问题一向是消费者在进行网络购物时最重视的问题之一。消费者在进行网络购物时，购买记录、个人资料甚至是借记卡、信用卡等重

要数据都有可能外泄，从而对其网络购物的意愿产生负面影响。

《2019年中国网民信息安全状况研究报告》显示，77.7%的被调查网民都遭遇过信息安全事件，并且遭受了不同程度的损失，总额大约为194亿元，平均每人受损失约553元。2020年5月28日，十三届全国人大三次会议表决通过了《中华人民共和国民法典》，专设第六章对隐私权和个人信息保护进行规定，被视为一大进步。6月20日，调整后的全国人大常委会2020年度立法工作计划明确将个人信息保护法纳入工作计划，成为社会关注的事情。

2. 网络购物商品质量与用户体验问题

商品质量方面，由于网络购物的特殊性，消费者无法像在实体店一样试吃试用后再决定购买。消费者往往在购买后收到东西才能发现产品尺寸不合、质量不佳甚至与自己预期完全不同等问题。

用户体验方面，以购买服装为例，在实体店试穿和选购的衣服往往比网络购物的衣服更贴身、更合适。许多买家都面对过买家秀和卖家秀差距过大的尴尬局面；因尺寸大小、颜色款式等问题退换货，无形之中增加了购买成本，造成时间和精力上的浪费。

3. 网络购物成瘾问题

网络购物成瘾即网购者高频次在网络上进行购物，在心理上产生一种难以抵御网络购物所带来的满足感，并产生周期性的沉迷状态，最后导致个体的身心以及社会功能损害。

正是由于网络购物能够不断制造消费欲望和快乐体验，许多消费者沉溺其中，他们花费大量时间和精力在网上搜罗各种商品，对工作、社交却心不在焉。为了网购，他们不惜透支信用卡，不惜到处借贷。

网络购物是他们排遣孤独、发泄不满的手段，不进行网络购物，就会感到无聊和空虚。2013年6月14日，重庆沙坪坝一名28岁的女子李某因网络购物成瘾难以控制而选择自杀，所幸抢救及时，治疗后脱离了生命危险。

网络消费是把双刃剑，它在带给我们便利的同时，也带给我们一些挑战。成长于网络时代的青少年，应当树立正确的网络消费观。

1. 拒绝诱惑，树立科学消费观

在大数据时代，淘宝、京东等大型购物平台对消费者的偏好进行深度挖掘，网购成瘾现象频发。不少网购成瘾者进入购物平台之后，便进入"商品导向型"生活模式。许多人不仅缺乏抵抗力，还抗拒原本正常的价值观、社交观和文化观，将网购生活"神圣化"，并由此陷入了"我网购，我做主"的幸福幻觉，与现实世界格格不入。

网购成瘾者过分强调生活的物质方面，被商品制造的"幸福幻境"所迷惑，沉浸物质世界而忽略了精神上的自由，结果是消费者的个性被忽略了，价值观明显扭曲。对于网购成瘾者而言，购买什么商品并不重要，重要的是"购买"，而这种消费至上主义本质上则是对消费意义的"消解"，是一种不健康的消费观。

作为消费者，我们应该树立科学消费观，培养正确的价值观，既要满足物质追求，也不能忽视精神自由。

2. 避免盲从，树立理智消费观

从众心理，指个人受到外界人群行为的影响，而在自己的知觉、判断、认识上表现出符合公众舆论或多数人的行为方式。在日常生活中，我们常常会遇到这样的有趣现象：若是今年流行短裙，满大街都是穿短裙的姑娘；若是流行长靴，那么满眼定是五颜六色的相似长靴。"大家都买，那我也要买。""不知道为什么要买，但感觉不买就和别人不一样了。"类似的言论不绝于耳，缺乏一些理智的声音。

从众心理是一种正常的现象，但缺乏主见、随波逐流却不利于个性的发展。身处在这样一个被流行"绑架"的环境中，网络消费中"效仿消费"占了大头。适合别人的东西不一定适合自己，"效仿消费"很容易造成浪费。

作为消费者，我们应该树立理智消费观，购买实用且适合自己的商品，做一名理智的消费者。

3. 艰苦奋斗，树立勤俭消费观

当消费能力无法满足消费需求时，不少人会选择借贷消费，更有甚者以过度消费为荣，将消费主义奉为圭臬。

为了刺激市场、扩大内需，国家制定了一系列的政策鼓励公民消费，但与此同时，我们也要认识到这种消费模式的弊端。网络消费一定要量力而行，不要将消费支出变成沉重的负担。

"历览前贤国与家，成由勤俭败由奢。"勤俭节约、艰苦奋斗自古就是我国优良传统，经历了千百年的传承仍然熠熠生辉，在新的时代依然是值得推崇的品质。

作为消费者，我们应该树立勤俭消费观，量力而行，适度消费，不做消费主义的奴隶。

4. 保护环境，树立绿色消费观

网络购物环节中，快递包装为环境保护带来了不小的问题。北京印刷学院青岛研究院副院长朱磊表示，中国包装垃圾的总体回收率小于20%，只有不到一半的纸盒被回收利用。快递包装中的泡沫块、胶带、缓冲袋等填充物更是无处可去，其回收率几乎为零。

另一个不易被人们注意到的地方是，购物网站本身要依靠大规模的计算机数据处理中心来维持运营。服务器的大批量使用不仅消耗了大量电能，同时也排放了数量骇人的温室气体。在网络消费盛行的国家，能源的消耗与废物的排放往往也极为惊人。

全球零垃圾运动的发起人贝亚·约翰逊归纳出的购物"4R"原则对于网络购物具有借鉴意义：

Refuse，拒绝，在整理购物清单时拒绝无用之物；

Reduce，减少，在确认购买意向时减少可有可无之物；

Reuse，再利用，不买没有重复利用价值的商品；

Recycle，回收，将闲置物品进行回收。

让我们树立科学、理智、勤俭、绿色的消费观，为网络消费保驾护航。

第二节　理财观念早树立

听听 他们的故事

小A和小C是高一（3）班的两位同学，他们从小学一年级开始，每个月都会有一笔零花钱，并且自己管理压岁钱。小A在很早的时候，就在父母的帮助下开设了自己的银行账户，并养成了记账的好习惯。小A将自己存款的一小部分存在灵活存取的理财APP里作为备用，另一部分则在父母的指导下购买了基金和保险。小A还有良好的消费习惯，大到电子产品，小到书籍资料，小A都会认真思考自己是否真的需要这个商品，再决定是否购买。反观小C，则是及时行乐的"享受派"，他的压岁钱基本留不到寒假结束，平时的零花钱也基本都"半月光"。小C用这些钱购买了许多零食、漫画和游戏。每个月下半月，他总是因为想吃零食却没有钱而找小A借钱。

原来如此

小A和小C入账相似，为什么小A的钱得到了很好的运用，而小C

却月月赤字，资不抵债呢？最重要的原因是，小A树立了良好的理财观念。

理财，通常是指个人对个人财产或家庭财产的经营。具体就是指个人或者机构根据当前的实际经济状况，设定想要达到的经济目标，然后在限定的时限内采用一类或多类投资理财的工具或产品，达成其经济目标的计划、规划或解决方案。充分利用和组合有限资源，是一项重要的金融实践活动。

理财素养，是指个体在理财方面所具备的修养，它不仅要求个体掌握基本的理财理论知识，而且还规定个体必须具有一定水准的理财技能，并在知识掌握和能力提升的过程中形成正确的理财观念、理财意识和理财态度。

理财素养的定义近似于著名理财启蒙书《富爸爸穷爸爸》中提出的"财商"一词，财商是一种理财智慧，其含义包括健康的消费观、正确的金钱观以及认识财富、获取财富、驾驭财富的能力。

知识传送门

近几年来，"校园贷""套路贷"事件频频发生，一定程度上反映出我国财商教育的欠缺，青少年财商教育再次引起人们高度重视。我们已经进入互联网经济时代，在这个物欲横流的时代，如果不能正确认识财富、驾驭财富，很容易被社会淘汰。青少年作为未来的接班人，强化其财商的教育刻不容缓。

西方发达国家十分重视青少年的财商教育，而且在展开青少年财商教育过程中，有着十分丰富的经验。我国对青少年的财商教育并不重视，2013年《中国大学生财商调查报告》结果显示，青年群体当中，冲动消费、超前消费、盲目消费现象十分普遍。从2016年《中国青年财商认知与行为调查报告》结果可以发现，青年群体在财商观念上存在很大的误区，例如无计划性消费、容易接受互联网金融产品但是甄别能力较低。另外，细观我们周边高中生消费行为也容易发现，无论家庭条件是否优越，很多同学都存在出手阔绰的问题。这些都说明我国青少年财商教育十分滞后。财商教育的滞后，是由以下几个方面导致的。

1. 家庭方面

一方面，家长常常把青少年的学习放在第一位，认为孩子过早地接触金钱并没有什么好处，风险高，容易导致孩子学坏；另一方面，家长对子女过于溺爱，在青少年的消费中担当"提款机"的角色，只要青少年学习好，就用金钱、物质作为奖励，这在一定程度上加剧了青少年畸形消费观的形成。

2. 学校方面

当前，我国青少年教育体系在财商教育方面基本上还处于空白状态。虽然当前倡导素质教育，但是很多学校依然停留在应试教育的理念上。当前，在学校所设置的学科中，会适当对青少年的金钱观、财富观进行引导，其形式主要是名人事例、思想政治教育等，财商教育比较碎片化，不成体系。

3. 社会方面

就现阶段而言，在社会层面我国并没有成熟的财商教育环境，人们十分渴望金钱，但是很少深入研究如何拥有财富；人们追捧财务独立，但是不知道怎样实现财务独立。对于青少年财商教育，我国在国家战略上以及政府引导上都缺乏有指导意义的规划，缺乏政策的有效保障，这使得我国青少年财商教育十分滞后。

传统的理财，一般是指购买银行、证券公司、企业债券，保险公司所发售的理财产品。一个最简单的例子是银行存款。中国工商银行被业内戏称为"宇宙第一大行"，其原因就是工商银行通过客户的存款积累了巨额的资产。人们已经习惯将手中的现金或是其他资本存入银行，不仅是因为银行保证了个人资产的安全，更因为把钱存入银行后，可以获得一定比例的利息，让"钱生钱"。这就是最简单的也是最常见的一种理财方式。

但是传统理财方式手续繁杂，并且其中大多数要求资产数额达到一定的标准。这些理财方式显然对青少年不够实用。

近年来，"网络理财"这个词越来越频繁地出现在人们的视野中。什么是网络理财呢？它与传统的理财方式有什么不同？网络理财适合我

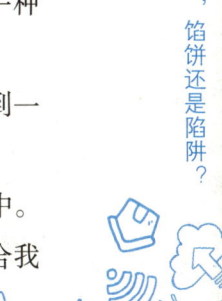

们青少年吗？带着这一系列问题，我们继续来探讨。

由于庞大的人口基数和日益增长的消费需求，当今的中国已经成为移动支付最发达的国家。从线上来看，各大购物 APP 为移动支付提供了大显身手的平台和市场。从线下来看，大到沃尔玛、易初莲花这些巨型跨国超市，小到街边的水果摊铺，支付宝和微信支付无处不在。几年前，朋友吃饭结账抢付款是比谁先拿出钱包和银行卡，现在则变成比谁先掏出手机扫描二维码。

在移动支付如此发达的时代，各类理财产品也抓住了转型升级的机遇，利用网络扩大市场，将移动支付快捷、安全、简便的特点融入产品中去，从而产生了"网络理财"这样一个新兴事物。

打开手机应用商店，搜索理财等相关词语，你会发现五花八门的理财 APP。这些 APP 基本上囊括了全球所有银行、证券、基金以及保险公司。随着国内金融市场的逐步开放，越来越多的行业开始涉足金融领域，网络的催化作用更使得金融相关的 APP 井喷式地出现。

一些常见的移动支付软件就有理财功能。举一个最简单的例子，余额宝就是支付宝的衍生产品。余额宝的产品特征是"能赚又能花"，这一点类似于银行的活期存款，存取自由。根据余额宝官方给出的信息，将钱存入余额宝，就等同于购买了由某基金公司推出的货币市场基金，它的优势在于存取比基金更方便自由。

去银行办理存款，不仅手续繁复，还费时费力，而通过网络，只需进行简单的操作，一步就可以实现基础理财。对于学业繁重并且经济实力有限的青少年来说，余额宝这样的产品是比传统理财产品更合适的选择。

你一定听说过"你不理财，财不理你"这句话。理财并不只是拥有很多财富的人需要掌握的技能，我们青少年虽然经济能力有限，但是财商仍是不可或缺的素质。青少年精力充沛、精神饱满，正是学习新知识的好时候。在这一阶段，需要家校互通，形成合力，让青少年树立起理财观念。青少年也要有意识地培养自己的理财意识，自觉学习理财知识，培养理财习惯，树立良好的理财观念。当前，互联网金融发展迅速，在这个时间节点上，财商的培养更是适应时代的必然要求。

从微观上来说，掌握理财的知识与技巧可以帮助我们有效地分配财富，合理地安排生活。从宏观上来说，理财技能的获取更可以为我们日后进入职场、居家生活提供宝贵的经验。学会理财，对于提高我们的逻辑思维能力以及执行能力都有极大的帮助。清代刘蓉在《习惯说》里写道："一室之不治，何以天下家国为？"只有提升我们自身的能力与素养，才能在走入社会后对自己从事的领域甚至国家大业有所贡献。俗话说"修身齐家治国平天下"，现代社会中，网络理财技能的掌握便是"修身"这一环节必不可少的。

通过本节的介绍，希望可以让大家意识到及早树立理财观念的重要性，并了解网络理财的独特优势。

第三节 实践才能出真知

听听 他们的故事

小 G 同学刚上高一，对理财十分感兴趣。他经常浏览知乎 APP 上有关理财的问答和专栏，自己也有一定的储蓄。但是小 G 从来没有真正着手去理财，因为他对未知的理财风险感到害怕。一学期过去了，小 G 仍然没有迈出第一步。而和小 G 一起浏览理财知识的小 Y，在积累了一定的知识之后立即着手理财。一学期过去，他已经对一些净值型理财产品和部分基金有了比较深刻的理解，也在理财方面小有成就，年利率在 5% 以上。

原来 如此

掌握了理财知识，树立了理财意识，这些仅仅是理财的第一步。要想真正做到养成理财习惯，实践是必不可少的。

知识传送门

那么，我们应该如何进行个人理财呢？首先要对自己有全面的了解，并制订规划，选择适合自己的理财方式，有足够的耐心，这样你才可能实现自己的理财目标。接下来，跟笔者一起，按照下面的步骤来学习个人理财吧。

一、个人理财规划

1. 分析自身基本情况

首先，我们应该对自己有一个全面的了解，核算全部资产，包括我们所拥有的现金、银行存款、应收账款以及其他可以为我们所用的资金等。其次，我们应该明确理财的目的，是单纯地做到收支平衡，还是希望能够在一定的时间内积累一定的资金。最后，我们应该制订一个切实可行的初步计划，并按照这个初步计划制订进一步的理财方案。

2. 了解投资理财方式

投资理财方式有很多种，青少年应该了解并结合自身情况来制订适合自己的理财计划。下面简要介绍常见的四种。

第一种方式是储蓄存款。储蓄存款，是指居民个人将属于其所有的人民币或者外币存入储蓄机构，储蓄机构开具存折或者存单作为凭证，个人凭存折或存单可以支取存款的本金和利息，储蓄机构依照规定支付存款本金和利息的活动。储蓄存款的存户一般限于个人。传统的储蓄存款不能开支票进行支付，可以获得利息。这种存款通常由银行给存款人发一张存折，作为存款和提取存款的凭证。储蓄存款的存折不具有流通性，不能转让和贴现。

第二种方式是债券。债券是一种金融契约，是政府、金融机构、工商企业等直接向社会借债筹借资金时，向投资者发行，同时承诺按一定利率支付利息并按约定条件偿还本金的债权债务凭证。债券的本质是债的证明书，具有法律效力。债券购买者或投资者与发行者之间是一种债权债务关系，债券发行人即债务人，投资者（债券购买者）即债权人。由于债券的利息通常是事先确定的，所以债券是固定利息证券（定息证券）

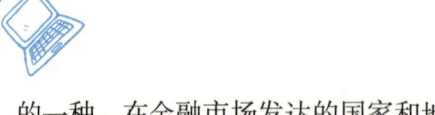

的一种。在金融市场发达的国家和地区，债券可以上市流通。

第三种方式是股票。股票是股份公司所有权的一部分，也是发行的所有权凭证，是股份公司为筹集资金而发行给各个股东作为持股凭证并借以取得股息和红利的一种有价证券。股票是资本市场的长期信用工具，可以转让、买卖，股东凭借它可以分享公司的利润，但也要承担公司运作失误所带来的风险。每股股票都代表股东对企业拥有一个基本单位的所有权。每家上市公司都会发行股票。

第四种方式是保险。保险，是指投保人根据合同约定，向保险人支付保险费，保险人对于合同约定的可能发生的事故因其发生所造成的财产损失承担赔偿保险金责任，或者被保险人死亡、伤残、疾病，或者达到合同约定的年龄、期限等条件时承担付给保险金责任的商业保险行为。从经济角度看，保险是分摊意外事故损失的一种财务安排；从法律角度看，保险是一种合同行为，是一方同意补偿另一方损失的一种合同安排；从社会角度看，保险是社会经济保障制度的重要组成部分，是社会生产和社会生活"精巧的稳定器"；从风险管理角度看，保险是风险管理的一种方法。

这几种投资理财方式的区别和联系如表 1 所示。

表 1

	储蓄	债券	股票	保险
性质	储蓄	债券，限期偿还	入股凭证	风险保障
收益方式	取款获息	定期收取利息	取得股息和红利，经营好坏决定股票效益	按保险条款从保险公司获得相应经济补偿
偿还方式	按活期、定期等存款方式获得本金和利息	有明确的付息期限，到期必须偿还本金	股金不能退，只能出卖股票	保险事故发生后，投保人可获得赔偿或保险金
投资效益	利率较低，收益稳定	收益较高	收益高	有回报率，时间长
风险	安全性最大	政府债券安全性大，公司债券安全性小	风险大	风险小
联系	都是可能获得一定收益的投资方式			

3. 实际进行理财

在了解并选择了适当的方式之后，就要开始着手个人理财了。除了以上几种常见的投资理财方式，还有一些非常适合青少年的个人理财方式。

①接受教育

教育是年轻人对自己最好的投资，也是短时间回报最丰厚的投资。学习是最好的自我增值方式，技能附属在自己身上，别人拿不去、带不走。有句话是这样说的："只有一种投资稳赚不赔，就是学习。"学生时代的青少年，应该好好把握时间和机会，对自己进行合理的规划。考取学位证书、外语证书以及一些技能证书，这些都是我们对自己的投资。这些投资会在以后的工作生涯或者其他方面给予我们很大的回报。

②拥有自己的账簿

记账是青少年必不可少的一项技能，也是一种良好的习惯。有的同学可能会说："我没学过有关会计方面的知识，也不懂得那些专业术语。"我认为这些都不是问题，因为记账并不复杂，也不需要多么专业的知识。利用笔记本或者手机记账 APP 就能轻松记账。记账可以有效控制自己的花销，也可以对未来一段时间的花销做计划。

但是，有些人过于注重节约开销，稍微多花一点儿钱都会觉得愧疚。长此以往，记账不但没有帮助自己养成良好的消费习惯，反而给自己增加了严重的心理负担。对此，我建议在制订消费计划时要保持一定的弹性，毕竟生活中很多事情都是难以预料的。这样的话，只要是花销在某个范围内，我们就不会过于焦虑。

③获得更多资本

想要获得更多收益的前提是拥有自己的基础资本，也就是要会赚钱。值得注意的是，劳动法和未成年人保护法中规定，禁止用人单位招用未满十六周岁的未成年人。已满十六岁，从事一般劳动是可以的。但很多特殊行业是禁止录用未成年人的。青少年课业繁忙，平时可能没有太多时间去打工赚钱。但是，仍然有相当一部分的青少年会利用假期时间打工赚钱，例如派发传单、做辅导机构助理、卖花等。打工的重点也不只

是赚钱，打工的过程同样重要。打工可以让青少年理解赚钱的不易，更加体谅父母，也更加珍惜现在的学习机会。

面对互联网上形形色色的招聘兼职信息，我们需要擦亮自己的双眼。有些招聘骗局会以培训或中介为由先收取一部分费用，有些则会盗取求职者的银行卡信息，造成更加严重的损失。在求职过程中，我们应该明白，求职者的目的是赚钱，招聘方的目的是获得劳动力。面对所有存在不合理收费的招聘，我们一定要提高警惕，谨防上当受骗。

④学会储蓄

有了一定的资金之后，最重要的便是如何利用。如果奢侈挥霍，那不久就会变为0，但如果懂得储蓄，把自己的资产合理分配，也会为自己带来更多收益。对于可花可不花的钱，必须学会克制自己。储蓄是以后投资的资本，也是青少年必须学会的基本技能。养成储蓄的好习惯，不仅可以获得一定数量的资本，更能使我们对金钱有正确的认识和良好的控制感，从而受益终身。

⑤妥善投资

如果只是把钱存起来，那不会为自己带来额外的收益。只有合理地运用这些存下来的资金，才会成为日后成功的铺垫。被美国商界誉为"石油大王"的洛克菲勒就是一个很好的例子。他在12岁的时候，把自己的零花钱攒起来并贷给农民来获得利息。小时候养成的习惯让他在以后的道路上越来越成功。

古人云："工欲善其事，必先利其器。"在理财时，选择一些称手的"兵器"十分重要。所以我们第一步要做的，就是挑选一些适合自己的理财途径和理财产品。

这里我们要提到一个关键词：保本。顾名思义，保住本金。对于我们青少年来说，保本远比盈利更加重要，在没有大量资金储备作为基础的前提下，小额理财最重要的就是"稳赚不赔"。理财的理想模式是"多途径"理财，即将多种不同种类的理财产品进行组合，实现百花齐放。

对于青少年来说，最佳分配方案是，根据理财项目风险与收益的大小，将所要投资的准备金分为三个部分，分别为低风险、较低风险和高风险三个部分。这样的一个理财投资"三驾马车"模式，结构清晰，易于操作，分配合理。

现在我们以总资金1000元人民币，理财期限为一个财务年度举例。我们的目的有三个：第一，保本；第二，利润最大化；第三，有效地控制风险。

根据"三驾马车"模式，首先我们要选择一款风险最低、收益稳定的项目产品，以达到第一个目的——保本。其次，我们再选择一款风险相对较低、收益较第一项选择更高的产品，来最大化自己的收益。最后，一款高风险高收益的项目产品作为最后一驾"马车"，出现在我们的总体理财规划之中。

那么，如何将这1000元人民币合理地分配到三个板块之中呢？这需要一个简单而精确的计算过程。

现在我们假设，有一款低风险理财产品的年收益率为30%，我们决定以此作为"保本"的第一板块，投入总资金的50%，也就是500元人民币，年末我们取得的收益将会是150元。有了这150元作为稳定收益进行保本，我们可以进一步分配第二和第三个板块，我们将350元人民币投入风险较低的项目中去，该项目年收益率假设为40%，年末我们将会取得140元的存在较低风险的收益。现在剩余150元人民币，数值等同于我们在第一板块中所获得的固定收益，所以这150元我们可以将其投入到一个年利率为50%的高风险高收益的项目中去，就算这150元在高风险下投资失败颗粒无收，我们也已经有了从第一板块中获得的收益进行保本，不会造成总资产的亏损。

我们不难算出，这1000元在全部投资成功的基础上，能够获得的最高收益可以达到365元（500×30%+350×40%+150×50%），就算高风险投资失败，也可以获得140元的收益（500×30%+350×40%-150）。

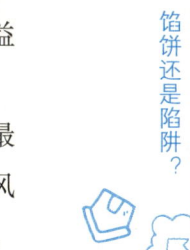

可是风险终归是风险，如果在第二板块，低风险的部分也出现了投资失败的情况该怎么办呢？这就要使用到前文中提到的另一个关键理财项目了——保险。保险作为预防意外情况发生的一种理财项目，在这种情况下便可大显身手，大多数的高风险理财项目都会附加上亏损保险，在项目投资失败时投资者可以获得保险赔偿金，进行止损，避免亏本。

以上这些例子用了一些夸张的数据，现实中的理财项目大多数无法达到这么高的收益率，投资比例的分配和计算过程以及市场环境也更为复杂。

"投资"的重点在于"投"，等同于将财产"存入"某个金融机构或个人的手中，让其代为操作，获取利益。然而，理财的方式不仅仅是"存"，同时也包含了"借"，理财的最终目的是用有限的资金实现收益的最大化以及合理的分配。我们都知道，银行提供贷款与分期付款业务，这些业务都给客户提供了"提前消费"的服务。举例来说，买车会有车贷，买房会有房贷，而这些大额的贷款大多是通过分期向银行支付来还款的。对于青少年来说，我们不会有如此巨额的花费需求，但是生活中也不乏想要购买的"奢侈品"，比如一台新电脑，一部新手机，这些产品的价格我们都难以一次性支付。我们可以发现，在网络购物平台中很多此类商品都会有分期付款的服务。当我们选择分期付款后，由第三方支付平台将全款支付给商家，而我们只需按期向第三方支付平台还款即可，这便是用"借"的方式进行理财。我们可以发现，通过这种方式，不仅缓解我们在一段时期里的经济压力，在得到自己想要的东西的同时也保障了生活所需，这便是成功地对财产进行了分配，避免了一时冲动消费后生活陷入困境的局面。

但同时，我认为，青少年不应该过早选择贷款。首先，绝大部分青少年都没有特别大的经济需求，如买车、买房等。其次，绝大部分青少年都没有稳定的收入来源，不具备贷款的条件。虽然某些网贷 APP 申请贷款门槛极低，但我们青少年要为自己负责，慎重选择网贷，适度消费，量力而行，不做让自己后悔的决定。通过贷款这样提前支付明天的钱的方式消费并不会让我们更快乐，反而会增加心理和经济上的负担。

一个合格的青少年理财者除了要学习具体的操作技巧外，还应当拥有一个冷静的投资头脑和平和的心态，无论盈亏都应当保持一颗平常心。切不可盲目投资、冲动投资，一味追求高收益而忽略高风险。

　　青少年应该多了解一些理财方面的知识，请教一些有经验的人，学会结合自身情况来实际运用，达到财务自由的目的。个人理财也是管理自己的一种体现。青少年应该明白理财的重要性，增强自己的理财意识，提高自己的储蓄和兼职收入，学会节省，减少不必要的支出。为自己做好理财乃至人生的规划，会对青少年的未来有很大的帮助。

第五章

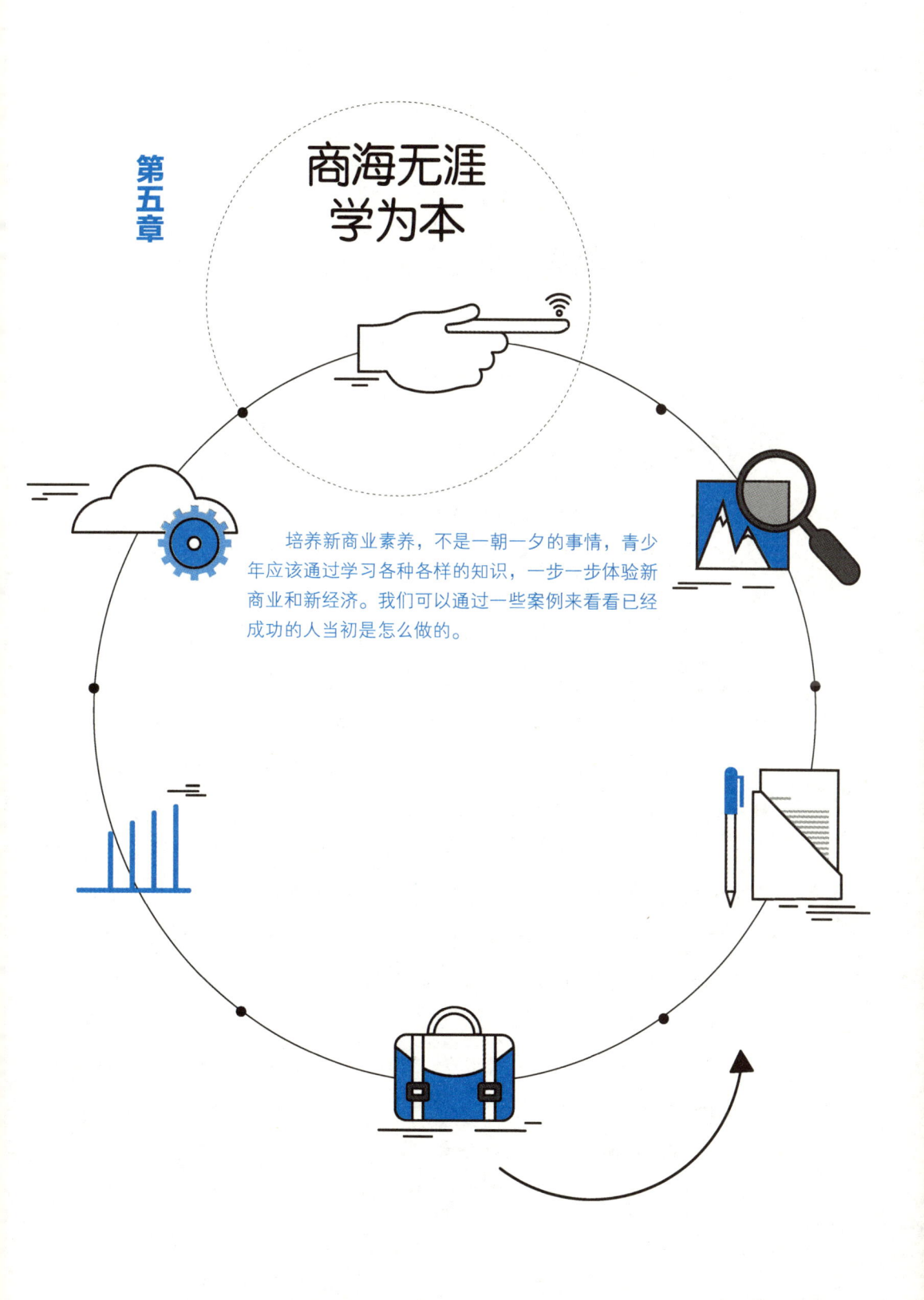

商海无涯
学为本

培养新商业素养，不是一朝一夕的事情，青少年应该通过学习各种各样的知识，一步一步体验新商业和新经济。我们可以通过一些案例来看看已经成功的人当初是怎么做的。

第一节　知识就是力量

听听他们的故事

　　1997年，王兴被保送到清华大学电子工程系无线电专业，2001年毕业获得奖学金前往美国读书。2004年初，25岁的他中断了在美国特拉华大学电子与计算机工程系的博士学业，从美国回国创业。"当时除了想法和勇气外，一无所有，我读完本科就去了美国，除了同学没什么社会关系，回来后找到了一个大学同学，一个高中同学，三个人在黑暗中摸索着开干了。"王兴做的第一个项目叫"多多友"，在"多多友"之后又做了第二个项目叫"游子图"，"游子图"是专门的服务性网站，针对海外的朋友。2005年秋，王兴决定专注于一块细分市场：大学校园SNS。他们研究和学习美国在这一方面的成功例子——脸书，综合之前在SNS领域的经验和教训，并结合国情，开发出了校内网。发布三个月后，校内网就吸引了3万用户，增长迅速。当2006年校内网的用户量暴增后，王兴因没有钱增加服务器和带宽，10月以200万美元将校内网卖给千橡集团CEO陈一舟，后者从日本软银融得4.3亿美元，并将校内网改为人人网，2011年人人公司上市。2007年5月12日王兴创办饭否网。11月16日王兴创办的社交网站海内网上线，海内网提供个人空间、迷你博客、相册、群组、电台、校友录、好友买卖以及电影评论等服务。与校内网相比，海内网面向的用户更高端一些。校内网只针对大学生用户，两家网站的用户重叠率并不高，两者不存在竞争关系。2009年7月，饭否网因故被关闭。2010年1月饭否网依然开张无望，于是他萌发了创建一个类似Groupon网站的念头。3月4日，王兴的美团网上线，立即引起广泛关注。美团网不是国内首家团购网站，但却是第一家引起较大关注的团购网站。美团网有着"吃喝玩乐全都有"和"美团一次美一次"的服务宗旨，获得天使投资人王江的种子投资。5月4日美团网上海站上线；6日美团网武汉站上线；7月26日美团网西安站上线；8月2日美团网广州站上线，获得了红杉资本1200万美元A轮投资。10月19日美团网无锡站上线；10月22日美团网南京站上线；12月22日美团网石家庄站上线。2019年5月，美团正式推出新品牌"美团配送"，并宣布开放配送平台。6月美团宣布品牌变色，从此前的蓝色变为黄色。7月美团单日外卖交易笔数超过3000万笔。"2019年胡润百富榜"揭晓，王兴以400亿元人民币财富获得65名。福布斯发布的2019年度中国富豪榜中，王兴排名第38位，财富值519.7亿元人民币。2019年12月18日，王兴入选"中国海归70年70人"榜单。2020年1月7日，美团与法雷奥合作推出首款电动无人配送原型车。1月9日，胡润研究院发布"2019胡润中国500强民营企业"，美团以市值5500亿元位列第6位。

知识传送门

为什么知识就是力量呢？

知识助你圆梦。每个人的智力可以划分为流体智力和晶体智力，流体智力是天生的，它表现在问题的解决和推理方面。而晶体智力是受到后天社会文化因素的影响，在人的一生中都会持续增长，表现在我们学习数学和语文知识等方面，所以我们应该多读书，让晶体智力不断增长，

帮助我们实现自己的梦想。从案例之中也可以看到，他们的成功并不是依靠先天的因素，而是依靠后天的勤奋。所以，我们应该向他们学习，不断进取，认真学习，为以后的成功奠定一个良好的基础。

知识还能助你脱单。有网友给我们举了一个生动例子。他第一次去老婆家里见家长，这是东北的老基层干部家庭。话题久远宏大，大概是说党风建设云云，偶尔说到《论共产党员的修养》，问他知道不知道。他赶紧回答："只是大概了解。""不简单啊，你这年纪知道就不简单。"于是"面试"通过了。孩子现在都两岁了。

知识更是救命"神器"。《肖申克的救赎》中，安迪在与典狱长第一次交锋时，对《圣经》倒背如流；用银行家的理财能力和勇敢，获得了第一桶啤酒时；为监狱工作人员整理税务，为典狱长洗钱时；因为对地质有所了解而下定决心挖地道时……那些瞬间，让我明白知识的力量超乎我的想象！

原来如此

如果大家没有详细地了解美团创始人的故事，可能会以为这是一个天才少年，会感到非常的不可思议。但读完他的故事以后，我们明白了，所有的成功都源于知识的不断积累。而培养商业素养也是一样，很难在很短的时间内形成，需要我们不断地丰富自己的知识库，为成功做好准备。

我们应该如何做呢？

1. 在培养商业素养的过程中，应该始终以马克思主义的基本原理为指导。因为马克思主义理论给我们提供了一个理论框架，在这个框架里，辩证唯物主义和历史唯物主义为我们提供了正确的世界观和科学的方法论，赋予我们实事求是的科学精神，为我们提供了观察问题、分析问题和解决问题的正确立场、观点和方法。因此，马克思主义是我们学习商业和金融知识的思想武器和指导原则。需要注意的是，这种指导性并不拘泥于马克思主义原著中关于商业和金融问题的具体论点和论据，如果我们只是简单地套用马克思的表述来解决现实问题往往是不会成功的，这种方法本身就违背了马克思主义的科学精神，正因为经济发展了，时代变化了，才需要我们以马克思主义原理为指导来研究和解决现实问题。

2. 吸收全人类一切有益的文明成果。对于人类已经揭示出来的经济方面的内在规律，包括国外学者在经济学方面的研究成果，我们不仅不能排斥，而且需要认真学习和掌握。当然，我们在学习和了解各种金融和商业知识时应该有一个思辨的过程，吸收其正确和合理的成分，抛弃其谬误之处，既不要盲目崇拜，一概吸收，也不要盲目排斥，一概否定，而应该取其精华，去其糟粕，在前人研究的基础上不断探索，力争使金融学的理论更加科学。

3. 立足国情，实事求是，结合中国的实际来学习相关的经济学知识。在学习中必须时时注意中国的历史和现实问题，从国情出发来观察问题、分析问题和解决问题，脱离实际的学习或对理论的生搬硬套都是不可取的。

第二节　我们该怎么学习呢

听听 他们的故事

《最强大脑》开播以来，梁紫晨因其清秀的长相和仙女般的气质饱受外界关注。拥有颜值的她，同样具备高智商——她不仅是"最强大脑"云之队中唯一的女选手，也是12强中的唯一女选手。

梁紫晨表现出的综合实力非常强。要知道，人的智商超过140就被称为天才，有时能显现出与众不同的能力。一般左脑发达的人有较强的推理力，右脑发达的人空间力较强。梁紫晨作为一名IQ150+的小姐姐，不同于偏科的天才，她是一个同时具有很强推理能力和空间能力的选手。

"如果只允许我有一个追求，我希望能成为一个有温度的人。"梁紫晨就读于美国帕森斯设计学院，这是一所享誉世界的设计学院，在艺术与设计类大学中排名世界第三，美国第二。许多世界一流设计师都毕业于这所学校。

据说梁紫晨当时申请这所学校只是运气好，申请书只写了一遍，作品集只做了两个星期。她觉得考艺术类大学管束少，符合她时不时放飞自我的性格。不仅仅是在设计领域，音乐、体育、语言这些学科，她也学得很快。她认为学习不仅仅是学习书本上的知识，更要注重各方面技能的不断提高。那如何提高自己的素质呢？她认为有以下几点需要注意：（1）资料收集整理的能力。在学习某一个领域的知识时，我们要查阅各种资料，对资料进行收集和整理；（2）自学能力。在学习知识的过程中，一些新知识、新思想是平时未接触过的，所以在短时间内自学新知识并将其转化到实践中去的能力必不可少；（3）英语资料阅读能力。由于全球化的趋势越来越强，我们不可避免地需要查阅英文资料，故此能力非常重要；（4）文档组织与撰写能力。

原来如此

为了培养年轻人的商业素养，各组织和机构纷纷行动起来，创办了各种活动和项目，青少年可以持续关注，积极参与。同时，在社交平台、视频网站等地方也有相关的资源可供青少年利用。接下来，本节会列举一些适合青少年获取前沿商业信息、参与商业活动的渠道。

知识传送门

1. 青年成就

青年成就（Junior Achievement），简称JA，是全球最大的致力于青少年就业、创业和理财教育的非营利教育机构。JA根据学生的年龄特点，开展针对大学生、中学生和小学生的公益教育课程和丰富多彩的活动，其教育理念是培养具有品格、创造力和领导力的国际型人才。

JA非常注重学生的品格培养，在小学、中学和大学都开展了品格教育相关课程和活动，根据青少年每个成长阶段设计和开展有机而完整的品格教育课程与活动体系，帮助青少年培养良好的品格。

JA中国目前在北京、上海、广州、成都、西安、天津、苏州、杭州、深圳等35个城市开展了17种课程和活动，侧重于就业准备、创业创新、金融理财和可持续发展方面的培养。针对中学生，JA中国的课程旨在帮

助中学生学习关于商业和经济学的基本概念，培养经济、商业、创业、职业、理财等技能和综合素质，激发他们对商业的兴趣，并注重品格培养。JA 中国目前运行着 8 门中学常规课程及活动，帮助中学生了解和掌握经济学概念、公司运营等商业知识，以及个人理财、职业启蒙等与未来就业和创业息息相关的技能，使中学生在中学阶段对经济和商业产生浓厚的兴趣，并为将来在全球经济中获得成功打下良好的基础。具体而言，开设有以下课程：

①国际市场：讲授各个国家的人和文化是如何通过贸易联系起来的。

②生活准则：引导学生发现自己一生应当遵守的价值观，并用作文的形式写下来。

③青年理财：讲授个人理财概念，培养学生规划和管理财富以及未来人生的能力。

④学生公司：通过体验组建、运营和清算公司的全过程，帮助学生学会承担责任、把握机会、团队合作，培养创新创业的能力。

⑤经济学：介绍微观、宏观和市场经济的基本概念，通过电脑软件模拟商业环境来进行决策，帮助学生理解经济学原理、管理概念和决策方法。

⑥银行实务：讲授银行运作的基本原理，以及如何在竞争性的环境下成功地经营一家银行。

⑦成功技能：帮助学生理解和实践对于职场工作有帮助的技能，了解人生发展和职业规划策略。

⑧职业见习日：企业参观见习活动，鼓励学生与企业志愿者面对面地交流，了解学校教育与未来职业的联系。

有条件参与 JA 课程的青少年可以登录 JA 中国官网进行申请，暂时不能参与的青少年们可以关注 JA 中国官网上发布的各种信息，以获取有关商业素养的前沿信息。

2. 中国青年商业挑战赛

中国青年商业挑战赛（China Youth Business League），简称 CYBL，是一家坐落于北京的国际组织，致力于在中国高中生中培养潜在的成功企业家。CYBL 在北京、天津、上海、沈阳、苏州、广州、重庆、青岛、温州、宁波等地举办高中组赛事，优秀的队伍晋级参与 CYBL 全国赛，与全国各地的优秀选手同台竞技。比赛涉及会计类、财经模拟运营类、市场营销类项目。

CYBL 还开设有冬季商业精英训练营，为学生提供为期 7 天的全方位商事体验。通过专业性知识讲座、探讨会及实训等环节，帮助学生理解并掌握所学知识与技能，开阔视野，提升对商业的认知，其课程包括商业基本原则、经济学理论、供应链管理、商务写作、高级案例分析等。

三、中国创新创业大赛

中国创新创业大赛是由科技部、财政部、教育部和中华全国工商业联合会共同指导举办的一项以"科技创新，成就大业"为主题的全国性创新创业大赛。大赛的目的旨在落实党中央、国务院提出的"大众创业、万众创新"的重大部署，深入实施创新驱动发展战略。中国创新创业大赛聚集和整合各种创新创业资源，引导社会各界力量支持创新创业，搭建服务创新创业的平台，弘扬创新创业文化，激发全民创新创业的热情，掀起创新创业的热潮，打造推动经济发展和转型升级的强劲引擎。大赛的专家指导委员会由柳传志（联想集团创始人）、李彦宏（百度公司董事长兼首席执行官）、李开复（创新工场董事长兼首席执行官）、徐小平（真

格基金创始人）等组成。

大赛分为初创企业组、成长企业组和创业团队组。参赛的优秀团队可以获得专家的创业辅导，优先推荐给大赛投资基金和创业投资机构进行支持，地方政府和机构给予配套政策支持。每个行业在总决赛获得前三名的团队，并在规定时间内在国内注册成立企业的，还可以获得创新创业扶持资金的支持。

第一届中国创新创业大赛于2012年7月5日在北京正式启动，12月在北京圆满完成历时8天的总决赛。目前，中国创新创业大赛已成功举办了六届。

4. 少年商学院

少年商学院成立于2013年，致力于将世界名校通识课和全球最好的素质教育项目，通过线上直播与线下实践相结合的方式带给中国中小学生，培养其终身受用的学习力与软实力。少年商学院在线上主要侧重于青少年财商和未来领袖的成长，教授理财规划、思维设计等课程；在线下，开展"国内工作坊+国际游学营"模式，培养青少年的商业素养和领袖才能。

5. 创行

创行是针对大学生的项目，但青少年们可以通过创行项目和创行学院中的信息，了解公益中的商业，这不失为一种获取商业信息的好渠道。让我们先来看看对创行的介绍吧。

创行是由36个国家的1710多所高校的在校大学生、学术界人士和企业界领袖组成的国际性组织，旨在运用积极的商业力量，践行企业家精神，共创更美好、可持续发展的世界。参与创行项目的学生利用他们课堂所学的知识、指导老师的专业技能以及学校的资源来开展项目，帮助他人改善生活。他们帮助创业者获得成功，教给失业人群求职所需的技能，指导家庭如何保持财务稳定，帮助处于困境中的区域实现经济发展。在全世界的乡村和城市里，创行团队为区域创造新机会，带来新希望，最终使人们过上更美好的生活，使区域获得更好的发展。

创行项目主题包括市场经济、医疗健康、环境保护、文化艺术传承、农业发展、青少年教育、扶贫助困和商业道德等领域。创行学生立足当地，灵活地根据各个区域及受助人群的独特需求，运用企业家的方式和积极的商业力量，自主运作社会创新项目，以帮助需要帮助的人们提高生活质量与水平。中国的发展情况如何呢？目前，国内已经有286所本科高校活跃着创行团队，覆盖了90%的"985"高校和82%的"211"高校。

作为青少年的我们，暂时不能直接参与创行项目，但我们可以登录创行官网，关注最新动态。通过"创行世界杯"，了解来自世界36个国家的创行团队在解决哪些问题；通过"创行学院"每月主题，知道青年人应该掌握什么样的商业素养。

6. 雷励中国

雷励中国于2008年在中国成立，是致力于中国青少年发展的教育型公益机构，是全球第21个雷励组织，通过青少年亲身投入可持续的社区建设、环境保护以及野外徒步等挑战，来激发他们潜在的能量并产生积极的改变。雷励的理念是不畏困难的勇气、打破常规的魄力、寻找自我的探索、关爱他人敬畏自然的正直，这些理念也是一个有志于培养自身商业素养的青少年应该拥有的优良品质。

《财富》杂志资深编辑杰夫·科尔文在其著作《不会被机器替代的人》中反复强调"合作"在当今社会和未来世界的重要性，"人际交往技能正在成为价值创造的关键因素"，"团队智力成为整个经济体获得成功的关键"。由此可见，学会合作是青少年们必须学会的能力。雷励是一个非常注重团队建设、合作学习、交流沟通的公益组织。因此，虽然雷励并不与新商业素养有密切关联，本节还是推荐青少年们参与雷励的公益活动。

雷励对团队合作、合作学习等素养的重视体现在其子项目"体验周末"和"雷励远征"中，此处以"体验周末"项目为例。

"体验周末"是针对14~24周岁的青年人开展的周末体验项目，其宗旨是培养参与者的团队合作、交流沟通、领导、决策、投入程度、适应等能力。

7. 社交平台上的商业类信息

相信青少年们对新浪微博之类的社交平台都不陌生吧？其实，社交平台不仅是休闲娱乐的好去处，也是获取商业信息、培养自身商业素养的好渠道。

在新浪微博上，有非常多的财经类、商业类博主，经常推送有关商业、理财的即时信息。接下来，我们来看看有哪些值得关注的吧！

① BizBang 即刻商业

即刻视频是一家基于移动互联网进行原创精品短视频内容开发与运营的互联网新媒体，旗下有两大核心业务品牌：即刻 video、即刻商业。即刻 video 侧重于精品生活方式，即刻商业则覆盖商业科技领域。

即刻商业作为新浪微博上的千万级大 V，推出了《顶级投资人系列》《生活中的经济学》《90 秒任务故事》等系列短视频。青少年们可以通过 BizBang 即刻商业，了解国内外各位商界大佬的创业故事，以及国内外商界、互联网界的最新资讯。

② 中国经营报

《中国经营报》创建于 1985 年，由中国社会科学院主管，中国社会科学院工业经济研究院主办，始终秉持"终身学习，达善社会"的理念，洞察商业现象，解读商业规律，助推商业成功，促进商业文明，是目前国内领先的综合财经资讯供应商。

"中国经营报"是中国经营报社的官方微博，同时也是拥有 2 千万粉丝的大 V。相比于即刻商业，中国经营报侧重于多方位的综合财经类资讯，不仅关注国内商界的动态，也会推送对各种大数据报告的解读，如 2018 年 1 月 11 日推送了与中国人民大学等联合发布的《2017 中国大学生创业报告》，还会解读当下的社会热点，如网红产业链、快递行业等。

③ 21 世纪经济报道

《21 世纪经济报道》是南方财经全媒体集团下属最大的商业报，是中国商业报的领导者。《21 世纪经济报道》也在新浪微博上开通了官方微博，提供财经资讯、商业故事和各界观点。

④ V 影响力峰会

V 影响力峰会由新浪微博举办，每年一届，根据大数据评选出最具影响力的大 V 人物，以及时下最新的综合类资讯。V 影响力峰会开设了多个论坛，讨论各个专业领域在本年的发展情况和未来发展趋势。例如，2017 年 12 月，V 影响力峰会在北京召开，开设了 31 个论坛，涉及电商、内容变现、设计美学、房产、数码科技、财经、医疗、汽车等领域。通过 V 影响力峰会的官方微博，青少年们可以全面、迅速、深入地了解各领域在当前的发展情况和未来的发展趋势。

随着互联网技术的发展，各种商业类、财经类报纸以及各种商业机构、公司都在新浪微博等社交平台上开通了各自的公众号，对于青少年来讲，只要学会利用这些渠道，打开手机，便能掌握来自全世界、全领域、全方位的最前沿资讯。

我们该怎么做呢？

可以看电视剧、电影和综艺的各大视频网站，大家都不陌生吧？国内著名的视频网站有优酷、爱奇艺、腾讯视频、搜狐视频、哔哩哔哩（简称 b 站）等等。其实，除了平时用来消遣，这些视频网站上也有非常优秀的商业类视频节目，一些是制作团队和视频网站合作的，一些是视频网站自制的。青少年在观看综艺节目和电视剧的同时，也不要忘了多看看有知识有营养的节目哦。接下来，我们就来看看有哪些可以帮助青少年们培养自身商业素养的视频节目吧！

①《人工智能真的来了》

这部纪录片记录了人工智能的最新进展，分别介绍了机器人助理、无人驾驶技术、机器人酒店、人工智能与人类的失业、仿真机器人、家用人工智能产品等。在这部纪录片中，我们可以看到从 20 世纪到今天的

人工智能的发展动态和未来趋势，对立志于人工智能领域的青少年尤其合适。

②《冬吴相对论》

《冬吴相对论》是一档广播脱口秀节目，由著名主持人梁冬和原《21世纪商业评论》主编吴伯凡共同主持，2008年10月11日在中央广播电台开播，每期都会通过轻松睿智的广播表达手段，从生活化的视角解读经济事件的玄机。

③《财经郎眼》

作为一档2009年6月开播至今的财经类电视节目，《财经郎眼》由郎咸平担任固定嘉宾，并邀请各大财经媒体人、专家学者及企业家担当常任嘉宾，以三人聊天的方式实现经济学生活化、媒介化。青少年可以通过观看嘉宾之间严肃但不枯燥的聊天，学习到各种商业知识和财经知识。

其实，此类节目非常多，有的严肃、认真，有的幽默、欢快，青少年可以根据自己的喜好多多发掘。

第三节　团结就是力量

听听他们的故事

位于宫崎县延冈市的昭和公司和位于长野县冈谷市的平出精密公司，相隔 1200 千米，自 1995 年合作至今，已成为密不可分的合作伙伴。这种良好的合作关系基于最初几个月所建立的信赖关系。1995 年，昭和公司的社长黑木保善望着公司内闲置的机器，忧心地说："再这样下去，公司终有一天会倒闭。"他的公司原是大企业旭化成位于延冈市的外包厂商，专事金属切削加工。当日本泡沫经济崩溃后，昭和公司的营业大受影响，黑木社长不得不立即着手开发新的产品，但是却毫无头绪。就在此时，黑木社长在大阪认识了平出精密公司的社长平出正彦。该公司以精密钣金技术著称，即以激光加工机切割薄金属板后，将其弯曲，制成电子机器外壳或半导体生产设备中精密零件的技术。黑木社长便向平出社长请教金属加工技术。恰巧平出社长也正想在九州设立生产基地，因此两人一拍即合。在双方想法一致的情况下，昭和与平出精密开始合作。黑木社长挑选了三位技术人员

进入平出精密三个月，学习精密钣金技术。黑木社长还将新的精密钣金设备引进位于延冈的工厂，表明合作的心意。从1995年开始，平出精密将设计图交给昭和生产，昭和再将产品卖给九州的大型电子厂。此后，平出精密持续为昭和的员工进行了三年的技术指导，这三年中，两家公司的社长及员工有愈来愈好的交流。

昭和目前的营业额虽然和跟平出精密合作前一样，但是黑木社长说："如果没有跟平出精密合作，营业额将下降一半，而且，对旭化成的依存度已从原来的八成降为现在的两成。"平出社长也表示："开发自有品牌一直是我的梦想，在他的帮助之下，我实现了自己的梦想。"

原来如此

《财富》杂志资深编辑杰夫·科尔文在2017年出版的新书《不会被机器替代的人》中写道："在未来，我们获取成功所必需的，不再是技术性的左脑型技能。但人类有着最深层、最根本的人类技能，这是我们创造经久不衰的价值的根本所在。"杰夫·科尔文认为，这些"最深层、最根本的人类技能"包括：

①同理心：感知别人的思想与情绪，并关心他们，提供帮助。

②团队智力：每个人专攻很小的领域，做到精通，然后个体与个体组成团队，成为组织以及整个经济体，获得成功。

③人际交流：人际交往技能已经取代了基础知识，正在成为价值创造的关键因素。

④高价值创造：高价值创造旨在解决真实世界中的问题，但问题的性质必须由人来把握，人可以通过巧妙互动来解决重大问题。

⑤感性表达：机器迅速取代没有社交成分的工作，在未来，感性表达会比逻辑更能打动人。

通过对365种职业在未来的淘汰率的分析以及杰夫·科尔文提出的包括团队智力在内的人类最根本、最深层的技能来看，培养团队合作的能力和精神对于青少年的未来发展是非常必要的。

合作能力不仅对一个人的发展十分重要，也会对未来的商业模式产生深远影响。

青少年在未来将面临的是无法阻挡的全球新机遇，创新的生态将改变，新的生态模式将逐步建立。对于中国的青少年而言，这种创新新生态、全球新机遇必定是以你们为中心的。在王煜全看来，中国制造业具有全球优势，拥有在"积木式创新"中担当制造业主力的雄厚资本。

简而言之，作为促进未来世界发展的坚实力量，青少年们学会在团队中合作，以高效率的方式组合各种资源，无论对青少年自身还是未来的新商业模式，都是至关重要的。

知识传送门

我们往往认为，团队合作就是几个人一起完成一件事。但是，真正的团队合作远不止此。

团队合作究竟是什么呢？通常来讲，它包括在一个团队中合理安排每一位成员负责的工作、统筹每一位成员的成果等等，但这些都不是团队合作能力的核心所在。

什么是团队合作的核心能力呢？是不是成员越聪明、团队凝聚力越强、团队内部越稳定，一个团队就越高效、越厉害呢？

这就要说到麻省理工学院、卡内基梅隆大学、联合学院的研究人员进行的研究了。

通过观察分析200个团体完成任务的情况，研究人员发现，团队成员的平均智力对团队是否具有高绩效的影响非常小，也就是说，最高效的团队并不一定要有最聪明的人。这正如我们中国的俗语里讲的"三个臭皮匠，顶一个诸葛亮"。

那么，什么最重要呢？社会敏感性。这就是说，在一个成功的团队中，最重要的是成员之间的人际交往状况。最高效的团队的成员们，在交流

中发言简短，但想法很多，并会及时回应其他成员提出的想法，每一位成员的发言机会基本是相同的。社交能力强的成员会引导其他成员精练地表达想法，鼓励他们回应其他人，并尽力保障每一位成员做出均等的贡献。

由此，我们可以看出，团队合作的关键在于人际交往中那些微妙的成分。如果我们能够准确感知其他成员眉头紧蹙所表达的意思，或时常留意其他人默默传达的想要参与会话的意愿，那么，团队在创造思想、制订计划、解决难题等方面就会表现优异。

1.我们要怎么做呢

首先，青少年应当记住，团队合作能力是一项技能，不是天生就拥有的特质。因此，一个人的合作能力是完全可以学习和提高的。

想象一下，你头疼得很严重，花了一个小时的时间排队，终于见到了医生，而医生只是非常冷漠地、模糊地告诉你这是什么病、怎么治疗。顿时，你会感觉非常焦虑和更加疲惫。在这个场景中，医生并没有体会病人的情绪，也没有做出恰当的安慰。

同理心，就是这种了解他人感受和做出恰当反应的能力。

对青少年而言，在生活中应该多关心他人，体察他人的情绪状况，并对他人给予合适、真诚的帮助和支持。这对在团队中与其他成员进行合作，体察团队成员的心理状态是非常有用的。

①关键时刻主动调动周围人的情绪

青少年不仅需要培养体察他人情绪并准确回应的能力，还要将这种能力在关键时刻及时、主动地运用，学会调动周围人的情绪，从而优化合作氛围。

②发现别人身上的亮点，互相赞美

尽管每一个人都是有缺点的，在与人合作中也不会事事顺心，但我们仍然应时刻提醒自己发现别人身上的亮点，并向对方表达真诚、合适的赞美，这既不是刻意吹捧，也不是无话找话，而是以积极的、正面的角度去欣赏你的合作伙伴。而对他人对自己的赞美，也应该及时道谢。

③团队成员之间应保持一定程度的个人互动

团队成员之间除了保持共同工作的关系，还可以三三两两地组成小团体，有一定的私人互动，这有助于成员之间的情感联结，最终会增强团队凝聚力。这也是一个组织举办各种员工活动的原因之一。

④学会主动承担责任

学会主动承担责任，不仅是一种态度，也是培养合作能力的好途径。主动承担责任，使得工作更加人性化，并且能赢得其他成员的尊重和赞许，有助于提高其他成员对你的支持度。

⑤适度彰显个性

对于"70后""80后"而言，在团队中、组织里保持中规中矩的风格才是更有利的。但是，对于"00后"而言，个性就是他们的烙印。未来的工作环境，将会越来越强调个人与个人之间的联结、团队与团队之间的联结，没有任何一个人、一个团队能够独立完成一项又一项的事情，因此，一个个体、一个团队通过适度彰显个性，形成独特的风格，能够帮助外界在繁多的同类中一眼认准你。时下流行的各种极富个性又引起轰动的宣传方案，就是非常好的例子。

学会合作是一项最根本、最深层的人类技能，是我们创造经久不衰的价值的根本技能之一，因此，青少年应积极、主动地寻找适合自己的方法，锻造一个拥有高度合作能力的自我。

第六章 "突发奇想"新思维

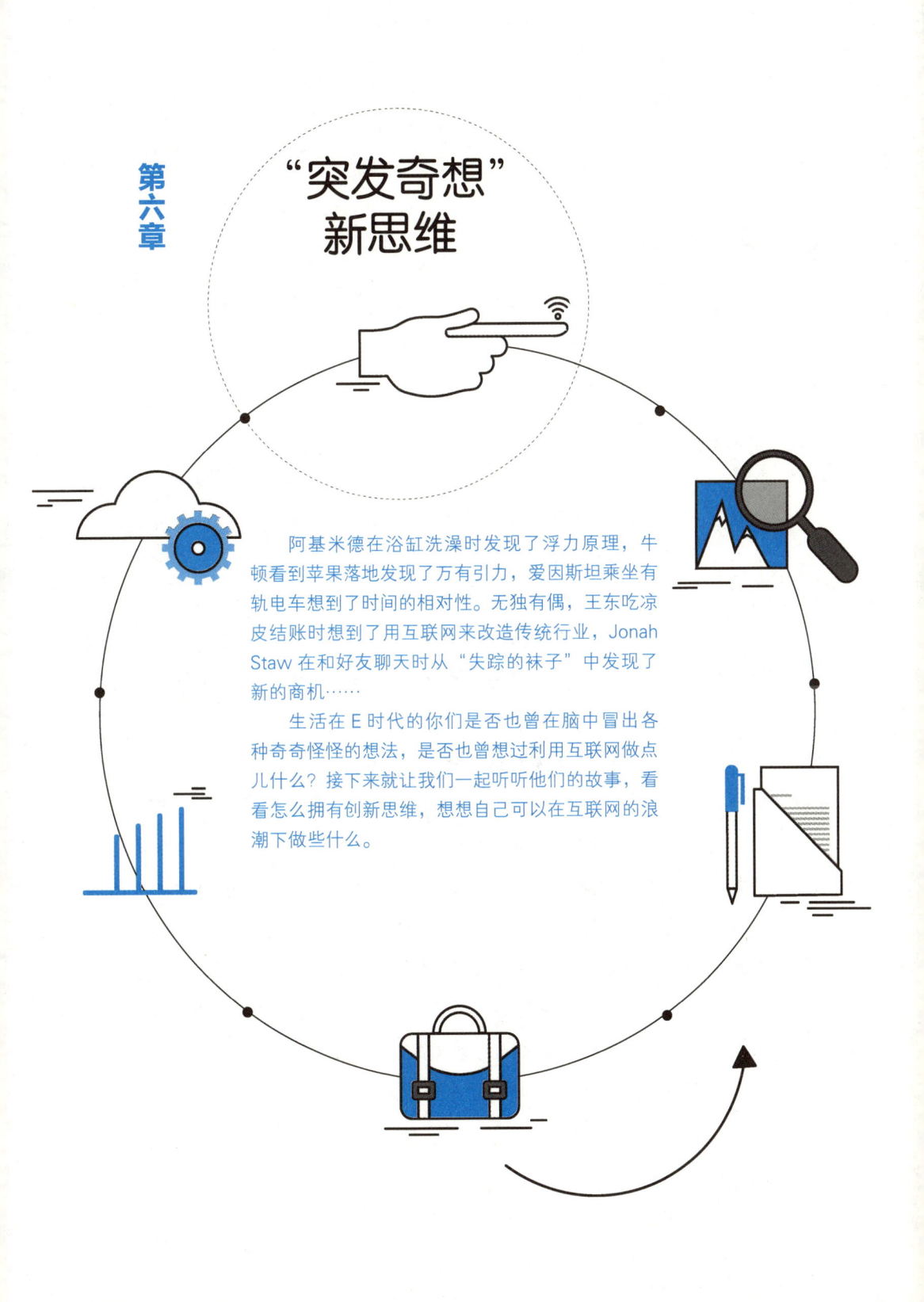

阿基米德在浴缸洗澡时发现了浮力原理，牛顿看到苹果落地发现了万有引力，爱因斯坦乘坐有轨电车想到了时间的相对性。无独有偶，王东吃凉皮结账时想到了用互联网来改造传统行业，Jonah Staw 在和好友聊天时从"失踪的袜子"中发现了新的商机……

生活在 E 时代的你们是否也曾在脑中冒出各种奇奇怪怪的想法，是否也曾想过利用互联网做点儿什么？接下来就让我们一起听听他们的故事，看看怎么拥有创新思维，想想自己可以在互联网的浪潮下做些什么。

第一节　寻常之中寻亮点

听听 他们的故事

常言道，创业维艰，可在酷爱打电竞的找钢网掌门人王东看来，创业远没有战术组合数以万计的游戏复杂："钢贸交易再复杂，也没有我玩《星际争霸》复杂，复杂程度和运营程度完全不在一个量级上。"

自创业以来，王东一直坚持用游戏思维"打怪"，在不断拆分重组中打通"任督二脉"，提升技能装备，一招一式间做到有迹可循，可推翻重组、复盘升级，从而形成自己的一套"游戏规则"。

为什么会想到创业呢？这得从一碗凉皮说起。2008年，王东还在老家河南郑州的一所高校任教。一天他去附近一家店吃完凉皮，发现以往收钱时习惯用舌头舔一下手指头的老板，竟然在柜台上放了一台高科技设备，顾客结账之后会吐出一张票来。惊讶之余，他意识到互联网已经渗透到传统行业，互联网产业的春天即将到来。于是他开始寻找用互联网改造传统行业的机会。王东运气极佳，在萌生这一想法之后，接到了王常辉（也就是后来找钢网的"小王总"，两人在2000年曾因游戏结缘）的电话。对方告诉他河南当地一家做钢铁贸易的大代理商要做网站搜索，缺少技术和运营好手，希望王东过去帮忙。于是王东爽快地答应了，并从高校离职。没多久，网站（走传统路线：搞搜索、卖信息、拉广告）应运而生。

2011年下半年，受国际金融危机"余震"的影响，此前一直处于卖方市场状态的钢铁行业，由于产能过剩，钢贸危机爆发，大量钢铁滞销。如此一来，原本不愁销路的钢厂，地位由强变弱，渐渐失去主动权和话语权。对于钢铁业这无疑是一场巨大的危机，但对于第三方平台来说却是入场的最佳时机。

因此，在瞄准时机后，像当年组队打电竞一样，王东拉上他的两个朋友（王常辉和饶慧钢）组成铁三角，揣着凑来的 100 多万美元奔赴上海，开始"打怪升级"，美其名曰"用游戏的思维创业"。自此钢铁电商 B2B 网站——找钢网横空出世。作为电竞高手的王东坐镇布局，"技术控"饶慧钢在大后方攻克技术难题，营销狂人王常辉冲锋上前，攻占市场。此后，找钢网常常剑走偏锋，怪招频出。就这样，找钢网从一个名不见经传的电商企业，到如今跃升为后来者争先模仿的"独角兽"，这背后是王东用游戏思维创业，不断优化升级的最好佐证。与靠烧钱铺流量的 B2C 不同，技术是 B2B 的制胜法宝。"钢材交易哪有这么复杂？拆来拆去就这些环节，无非你怎么做得精细化，怎么变得规模化而已，在我看来没那么难。"王东曾在某次采访中说过。

在王东看来，做网站跟打游戏是相通的，都需要化繁为简，不断优化。为此，他通过模拟交易不断优化环节，直到精简为 3 个环节——提交需求、提交订单、付款。接着再引入大量的游戏因素，比如晋级制等。有免费和高效双重"保障"，找钢网的订单量很快涨上去，日交易量突破 1000 吨，逐渐打出名堂。

有时候，危险与机遇交叠，就是机会。在产业"互联网+"未成气候之时，王东抢得先机，当风口形成，王东和他的找钢网依旧一路狂奔，未来值得期待！

原来如此

看完上面的故事，大家可能会对 B2B 和 B2C 这几个词产生疑惑，究竟什么是 B2B 和 B2C 呢？让我们先来看看什么是电商。电商，就是电子商务，是以互联网为手段，以商品交换为核心，以获取利益为目的商业活动。搞清楚了什么是电商，接下来我们一起看看什么是 B2B。

B 是英文单词 Business 的首字母，而 B2B 就是 Business to Business，即商家对商家、企业对企业之间的产品、服务信息交换平台。和 B2B 相应的还有下面几种模式。

ABC 即代理商（Agents）、商家（Business）、消费者（Consumer）模式，商家通过该类平台发布消息，消费者通过购买商品获得积分，有一定积分后升级为代理商，可以向其他消费者推销商品，成单后赚取提成，这是一种利用消费者进行二次营销的新模式。

B2C 即 Business to Consumer，商家对消费者。商家通过平台把产品卖给消费者，例如我们所熟知的苏宁就是 B2C 模式。

C2C 就是消费者通过平台把商品卖给另外一个消费者，例如咸鱼、转转等。

O2O 即线上对线下，这是一种广泛的线上线下的商机结合的商业模式，让互联网成为线上支付、线下交易的平台，阿里、京东这一系列线上平台，都是 O2O 模式。

在产业"互联网+"浪潮之下，一大批 B2B 电商平台应运而生。在这些入局者中，被誉为"独角兽"且已向港交所递交 IPO 的找钢网，显得尤其耀眼。找钢网的创始人王东从电竞高手一跃成为 B2B 电商名人，他创业成功的秘诀是什么呢？

王东是钢铁电商中为数不多的对 B2C 互联网公司的商业模式做过深入研究的企业家。王东一直认为，和 B2C 有所不同的是，做产业电商必须接触钢厂。在钢铁这种比较集中的市场，阿里巴巴的模式很难复制。只有和钢厂建立深度合作，才能为后者直接提供更高的价值。在王东看来，在某种程度上，创业其实就是一场游戏。在游戏比赛中，规则背后的本质是，谁能够最大化地利用资源，谁就能胜出。王东开启了以互联网为工具买卖钢材的模式。从某种意义上讲，这一模式的出现以及何时出现都是必然的。在找钢网成立后，钢铁行业出现了数家颇具行业知名度的电商，他们各有风格，拥有不同的资源。没有任何依托的王东带领一支创业团队，仅凭头脑中的一盘棋，在数年时间里缔造了一个令产业界瞠目结舌的"独角兽"公司，这是他的能力。钢铁是个看起来很大、很沉重的行业，但事实证明，这样的产业互联网创业也依然能够做得风生水起。对于其他产业而言，更应该有信心做好。

王东认为做游戏的顶级高手非常困难，某种程度上，游戏比赚钱更难。它不但需要勤奋和努力，更需要一等的智商和情商。"游戏的基本规则是对抗。在一场游戏的对抗中，一个人就是一个指挥官，你需要在这场对抗中具备强大的侦察和反侦察能力，建立自己的战略和战术，调配兵种，攻城略地，这正如带领一个企业，要决定如何研发、如何生产，如何不断将对手甩在身后。"很多同学都喜欢玩游戏，有些同学甚至还是游戏里的顶级高手，却很少有人会想到把打游戏的思维运用到创业中，而王东却想到了用游戏的思维创业。

知识传送门

2018年4月19日至20日，第四届全球互联网经济大会春季峰会在中国召开。此次会议围绕科技发展的浪潮中，互联网企业如何创新制胜、主动作为等主旨开展了主题演讲和圆桌分享。会议认为，互联网发展目前已进入从"人人互联"向"万物互联"转变的新阶段，人工智能等新兴技术逐渐成为全球科技竞争的新高地。《中国互联网发展报告2017》对我国互联网发展情况进行了全面总结回顾。报告指出，中国网民规模全球第一，数字经济规模总量全球第二，网络零售全球居首。

电子商务作为一种快速发展的新经济形态，对市场经济有着重要影

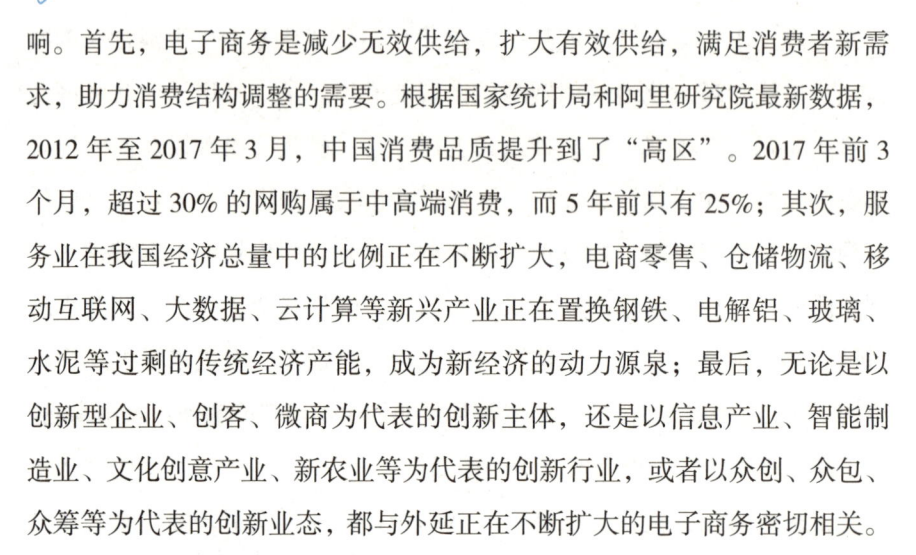

响。首先，电子商务是减少无效供给，扩大有效供给，满足消费者新需求，助力消费结构调整的需要。根据国家统计局和阿里研究院最新数据，2012年至2017年3月，中国消费品质提升到了"高区"。2017年前3个月，超过30%的网购属于中高端消费，而5年前只有25%；其次，服务业在我国经济总量中的比例正在不断扩大，电商零售、仓储物流、移动互联网、大数据、云计算等新兴产业正在置换钢铁、电解铝、玻璃、水泥等过剩的传统经济产能，成为新经济的动力源泉；最后，无论是以创新型企业、创客、微商为代表的创新主体，还是以信息产业、智能制造业、文化创意产业、新农业等为代表的创新行业，或者以众创、众包、众筹等为代表的创新业态，都与外延正在不断扩大的电子商务密切相关。

如今，传统互联网时代正在向移动互联网时代迈进，互联网正成为一个快速增长的领域。随着网络和智能终端的普及，应用商店以及开放平台的崛起，用户对移动应用的需求也逐渐被激发。在这个过程中，满足用户商务、生活及个性化需求的移动应用展现出巨大的市场空间，互联网的产业格局和商业模式也在发生着巨大的变革。

近年来，随着互联网、数字化技术、人工智能的蓬勃发展，人们的消费和生活方式发生了巨大的变化，也催生出数字经济、共享经济等新经济、新业态。从手机买电影票、火车票，到网上叫外卖；从无现金支付，到跟着手机APP健身……互联网点亮了人们的生活，让生活变得更加便捷高效、丰富多彩。短短几年间，从概念走向应用，人们的消费、娱乐

方式更加多样，消费者体验不断升级。

1. 通信。在通信领域，几乎人人都在使用即时通信。人们利用 APP 进行语音、文字甚至视频交流。

2. 交通。从国外的 Uber、Lyft 到国内的滴滴出行，移动互联网催生了一批打车软件，虽然它们在有的地方仍存在争议，但它们通过把移动互联网和传统的交通出行相结合，改善了人们出行的方式，提高了车辆的使用率，推动了互联网共享经济的发展。

3. 旅游。通过互联网，可以实现微信购票、景区导览、规划路线等功能。市民在景区门口不用排队，只要扫一扫二维码，即可实现线上支付。购票后，系统根据市民的购票信息，进行智能线路推送。而且，二维码门票可以自助扫码过闸机，无需人工检票入园。

4. 教育。在互联网的带动下，网络学习热潮逐步形成。通过网络学习，也可以参加国家组织的统一考试，可以足不出户上课学习，取得相应的文凭和技能证书。

5. 政法机关。政务微信公众号、微博账号等从数量到影响力，都已不容小觑。通过互联网，可以提升政府的工作效率，增加行政透明度。相应地，民众可以在各级政府的公众号上享受服务。移动电子政务会成为推进国家治理的工具。

我们不难看出，互联网已经渗入生活的方方面面。互联网经济是基于互联网所产生的经济活动的总和，在当今发展阶段主要包括电子商务、互联网金融、即时通信、搜索引擎和网络游戏五大类型。互联网经济是信息网络化时代产生的一种崭新的经济现象。

新经济在服务民生的同时，也成为撬动经济发展的新杠杆。研究表明，数字化程度每提高 10%，人均 GDP 就会增长 0.5% 至 0.62%。在全球经济增长乏力情况下，数字经济被视为推动经济变革、效率变革和动力变革的加速器。根据预测，2035 年我国的数字经济将达 16 万亿美元。

作为时代进步最活跃的推动力，新商业始终站在创新的最前沿。2017 年 12 月 12 日，"WISE 2017 新商业大会"在北京召开。会上，创

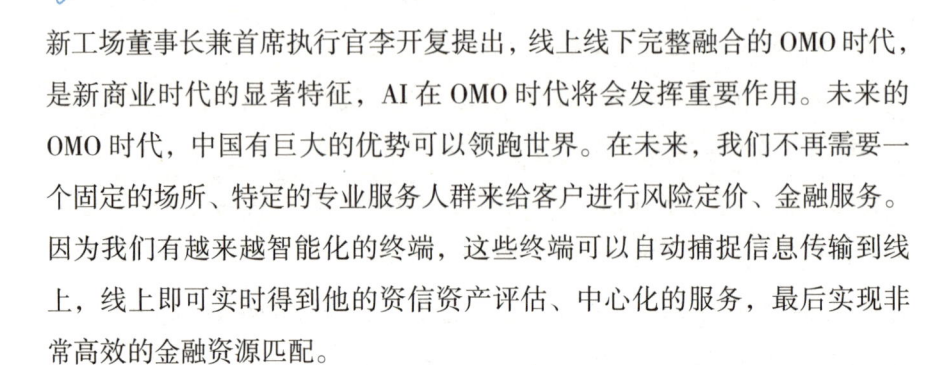

新工场董事长兼首席执行官李开复提出，线上线下完整融合的 OMO 时代，是新商业时代的显著特征，AI 在 OMO 时代将会发挥重要作用。未来的 OMO 时代，中国有巨大的优势可以领跑世界。在未来，我们不再需要一个固定的场所、特定的专业服务人群来给客户进行风险定价、金融服务。因为我们有越来越智能化的终端，这些终端可以自动捕捉信息传输到线上，线上即可实时得到他的资信资产评估、中心化的服务，最后实现非常高效的金融资源匹配。

在互联网经济时代，经济主体的生产、分配、交换、消费等经济活动，以及金融机构和政府职能部门等主体的经济行为，都越来越多地依赖信息网络，不仅要从网络上获取大量经济信息，依靠网络进行预测和决策，而且许多交易行为也直接在网络上进行。互联网时代，很多商业决策都是基于数据来驱动的。企业和用户之间的交互、用户跟用户之间的交互形成的口碑数据会影响到其他用户的决策，可以影响到商家的布局。互联网的本质是互动、连接和网络，而互联网经济的本质则可以概括为：用户中心、数据驱动、生态协同。

以小米公司为例，为什么大家认为小米是互联网公司，而不是手机公司、电视公司和消费电子公司？原因有以下几点：（1）用户中心：与传统商业的产品售卖方式不同，互联网商业更看重的是经营用户，以用户为中心，甚至让用户参与到产品研发、品牌传播中来。（2）数据驱动：小米的渠道更多是放在互联网化的渠道上，基于互联网去做网络化的直销体系，是基于数据来驱动的。小米的营销环节，没有在传统媒体投放大规模的广告，而是基于互联网做粉丝经济，做数据化的营销，让营销环节也放到线上，也是基于数据来驱动。（3）生态协同：传统商业的手机、电视厂商卖东西，更多的是一手交钱一手交货，通过中间商环节，再到终端消费者。而小米则摒除了中间商，把产品做到了非常高的性价比。小米卖手机、电视不仅仅是卖商品，而且会争取用户。卖手机可以不怎么挣钱，但关键就是圈到用户，后面挣应用、游戏、电商和数据的钱。这种商业模式区别于康佳、TCL、华为当前的商业模式，是一种生态协同的商业模式，在互联网时代，这种商业模式更有生命力。

第二节　创新第一驱动力

听听他们的故事

土鸡蛋、客家米酒、腐竹……近日，一场助农扶贫直播活动在江西定南县岭北镇圩镇举行。"一个圩镇过往的人流量不过数百人，但直播平台一上线，很快就吸引了4000多买家，'土产品'瞬间成了'走俏货'。"直播平台负责人李良华说。

"85后"李良华是定南县鸡卿寨生态蛋鸡专业合作社理事长和"季实庄园"品牌创始人。从一个创业"愣头青"到如今的电商创业领头羊、全国农村致富带头人、全国乡村振兴青年先锋，他用11年时间成为当地农产品互联网销售的"流量小生"。

关于"触网"，李良华坦言是被逼出来的："要让消费者相信你的土鸡、土蛋，卖出好价，就必须让他们'眼见为实'。"李良华创立联合共享品牌"季实庄园"，升级优化标准VI系统、官网分销系统和云直播溯源系统，采用O2O模式全程监控、直播土鸡生长过程，打造可视化农业销售模式，让消费者身临其境感受农业生产的火热。

如何持续吸引消费者？有了"触网"经验的李良华开始瞄准"流量"市场。从开设淘宝、京东店铺，到开发"季实庄园"农产品销售小程序，再到现在抖音、快手、腾讯等平台直播，曾经网店的静态销售，已发展为直播动态销售模式，如今他的网上直播平台已拥有30万流量。

2017年，借"网"致富的李良华被聘为岭北镇政府扶贫顾问，他的生态蛋鸡专业合作社已有员工 100 多人，带动 100 多户土鸡养殖农户增收。他还积极指导农户和贫困户进行网上销售，并帮助贫困户直播带货，助力消费扶贫。

"利用互联网技术的渗透性、融合性，整合产销链资源，'合作社 + 品牌 + 农户'模式将使农户抱团发展。"李良华说，下一步，合作社将进一步深耕"互联网 +"经营模式，积极引进零下 196 ℃的液氮速冻保鲜技术，开发生鲜鸡肉产品，破解电商销售过程中的物流难题，让更多农民"触网"增收致富。

原来如此

全球科技革命、产业变革的不断演进，不仅重塑了全球的经济结构，而且使产业和经济竞争的赛场发生了转换。科学技术越来越成为推动经济社会发展的主要力量，创新能力愈发成为国际经济竞争甚至综合国力竞争的关键所在。因此，党的十八大提出实施创新驱动发展战略，强调科技创新是提高社会生产力和综合国力的战略支撑，必须摆在国家发展全局的核心位置；党的十八届五中全会更是把创新确立为五大发展理念之首。

互联网作为一项战略性新兴产业，在新形势下带来了许多的商机和挑战。首次提出的"制订'互联网 +'行动计划"，使各个产业迎来了新的发展机遇。李良华正是凭借着"互联网 + 农业"的方式成功致富。

在我国，"互联网 +"这一理念是在什么时候提出的呢？它的具体含义又是什么呢？

这个概念的提出最早可以追溯到 2012 年 11 月于扬在易观第五届移动互联网博览会的发言。通俗来说，"互联网 +" 就是 "互联网 + 各个传统行业"，但这并不是简单的两者相加，而是利用信息通信技术以及互联网平台，让互联网与传统行业进行深度融合，创造新的发展生态。"互联网 +" 是两化融合的升级版，将互联网作为当前信息化发展的核心特征，提取出来，并与工业、商业、金融业等服务业的全面融合。其中的关键就是创新，只有创新才能让这个 "+" 真正有价值、有意义。正因为此，"互联网 +" 被认为是互联网发展新形态、新业态，是知识社会创新推动下的经济社会发展新形态演进。

无论如何解读 "互联网 +" 这一概念，要想使其按照预想发挥作用，使 "互联网 +" 战略能够落到实处、创出新意，就必须聚焦传统产业升级和新经济增长点培育这两大核心内容开展工作。否则，互联网应用推进得再迅速、再广泛，对 "互联网 +" 而言也只是边边角角，未入其中。

近年来，技术革新已经逐渐替代人口红利成为中国互联网经济发展的最主要推动力之一。人工智能是目前全球最受互联网业界和市场关注的新技术及应用。全球主要互联网企业均在向人工智能方向转型，并大幅增加相关科研、技术和产业应用布局方面的投入。展望未来几年，人工智能将会为互联网行业带来两个重要趋势。

第一，人机交互界面转向语音化。继键盘、鼠标、触摸屏之后，语音交互正在成为新的人机交互方式。对于互联网企业来说，掌握了新的接口才更容易掌握新的流量入口，更容易通过此入口向用户推广服务。未来语音交互市场竞争态势将更为激烈。全球主要互联网、硬件及家电企业将继续通过技术升级、应用拓展和市场推广等手段努力争夺这个新流量入口的市场份额。

第二，人工智能拓展互联网服务场景。人工智能在后台全面支持互联网业务的发展；我们看到互联网的各个场景都开始受益于人工智能。预计未来几年里，在传统互联网应用场景（例如搜索、新闻和电商等服务）

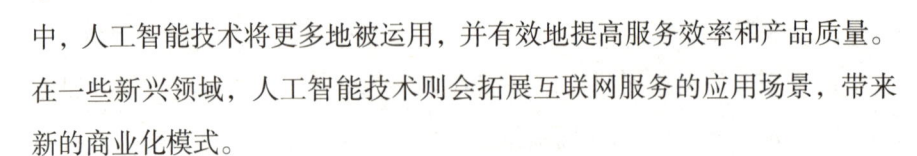

中，人工智能技术将更多地被运用，并有效地提高服务效率和产品质量。在一些新兴领域，人工智能技术则会拓展互联网服务的应用场景，带来新的商业化模式。

当下互联网经济带动一批年轻的互联网爱好者，前赴后继地投入创业大潮。互联网的发展让人民享受到网络购物、快速出行以及互联网办公的便捷性。"相信年轻人的智慧。"马云曾在中国香港企业家论坛上感慨新一代年轻人开始主导中国的经济发展。这些年来，滴滴、美团外卖、饿了么等成为互联网经济的成功案例；相反，当我们在这些领域中去深挖数据、分析行业趋势时，会发现这个领域有很多中小公司被"拍在沙滩上"。有数据显示互联网创业成功率仅为5%，看到这个数据不得不让人内心一颤。

随着互联网的发展，很多青少年开始利用互联网去做事情，却并没有特别深入地去了解互联网和运用互联网的优势及作用，在一定程度上导致他们的思维受到限制。英国的一项调查表明，对新的 ID 技术信息接受最快的是十到十五岁的初中生，他们能力处于巅峰，数字概念最高。他们是最有可能改变世界的新人类。

为了更深入地运用互联网，青少年需要拥有互联网思维，而其中最值得一提的就是创新思维。那么什么是创新思维呢？

美国心理学家科勒斯涅克认为，创新思维就是指发明或发现一种新方式用以处理某件事情，或表达某种事物的思维过程。因此，创新思维是思维的一种智力品质，它是在客观需要和伦理规范的要求下，在问题意识的驱动下，在已有经验和感性认识、理性认识以及新获取的信息基础上，统摄各种智力因素与非智力因素，利用大脑的悟性思维能力，在解决问题的过程中，通过思维的敏捷转换和灵活选择，突破和重新建构已有的知识、经验，以具有超前性和预测能力的新认知模式把握事物发展的内在本质及规律，并进一步提出独特见解的复杂思维过程。

《大繁荣》的作者费尔普斯将创新视作社会繁荣的重要推动力。企业组织必须保有创新能力，才能推动自身的发展和社会的繁荣。当然，

"创新"一词今天已经变得非常流行，甚至会被望文生义地加以使用，而忽略了其本身的内涵。按克里斯坦森的创新理论，创新意味着创造新的市场需求，更重要的是，尽管今天我们提倡草根创新，但创新并非企业的专利。因此，只要去践行创新的本质，任何企业和个人都可以表现出卓有成效的创新精神。比方说，在空中食宿（一家网络房屋租赁公司）成立之前，游客别无选择，只能够住在高价的旅店，而房屋的主人也很难放心地出租自己空闲的房间。空中食宿看到了这项未被开发的服务和未被解决的需求，而其他人则没有看到，这就是一项创新。

知识传送门

我们知道，互联网的本质是互动、连接和网络。如果能理解互联网的本质是什么，那么就大致知道互联网时代的商机了。原来没有实时连接的，随着互联网的诞生都成为可能，这就是商机。阿里巴巴用互联网构建了新的交易场，滴滴出行等软件则是用互联网创造了一种服务模式。前者是利用互联网对传统产业进行了升级改造，后者则是利用互联网创造出了新的产业。

互联网广泛渗透已经成为常态，它不仅催生了大量新产业、新生态、新业态，也在整合资源、创新模式、带动商机。中国移动通信集团公司市场经营部副总经理王红宇表示："'互联网+'调动了运营商的动能，我们开始思考哪些能力可以开放出来，提供给各行各业的商业模式创新。"中国电信创新事业部副总经理陈力也表示，中国电信在基于运营商账单的支付能力、数据能力方面有很多独特的资源优势，"这些优势都在被以更加互联网的方式开放出来"。"互联网+"进一步改造整个商业流程，通过技术创新的实现来推动商业创新。

在商业生态圈、生态系统、平台战略、互联网+、工业互联网、物联网等强势崛起的今天，不管是创业者还是打工族，有一个问题非常重要，那就是未来的趋势。深刻理解趋势，并抓住趋势带来的红利，是这个时代企业家的必修课。

未来每个商家都需要经营属于自己的客户群，比如自媒体、社群、会员等，这些被认为是零售业的新流量红利来源。自媒体的流量红利可能来自那些迅速成长的微信公众号，这些公众号迅速获得很多关注，价值变得很高。共同兴趣也是天然带有高转化率的社群流量，比如驴友社群、读书社群、创业社群、明星社群、育儿社群、生鲜水果社群等等。

2016年初，三只松鼠的公关经理对媒体说："3年前，我们发展1个线上用户的成本是25元，现在是100元。"电商获客成本与线下趋同的那一天，就是流量红利消失的那一天。传统电商虽然发展迅速，但其存在时效性、真实性和消费者信任度低等多重危机。

对新事物的出现，总会涌现许多质疑的声音。但是不管哪一种创新，如果你做到了别人做不到的事情，就有了差异化竞争优势。很多人嘲笑电话功能都做不好的苹果手机，但几年后，嘲笑它的诺基亚、摩托罗拉、黑莓都被取代。颠覆式创新，是从低端、高风险、未被证明的地方开始的，技术的不确定性和市场的不确定性都是成就这种创新的动力。

那么，如何做到真正的创新呢？这就要通过驱动力来寻找。驱动力，就是能够对社会发展产生持久和根本性变化的力量。我们经常会看到，很多媒体疯炒某个事件，然后说"这预示着××时代来了"。但是具体的单一事件，只是所谓的时尚，很可能是昙花一现的短期事件，不具有真正的里程碑意义。就像当年腾讯推出"微信电话本"的时候，业内媒体疯炒"微信电话本"要如何革运营商的命，现在几乎没人记得腾讯还出过这个APP了。

什么是长期趋势呢？以时下火热的短视频行业为例，papi酱融资2200万时可以看出短视频的火热趋势吗？不可以，因为个体成功无法代表行业趋势。但是现在流行的抖音、快手等短视频APP足以证明这个商机。通过视频社交软件上传一段视频所耗费的流量，仅相当于上传两张照片的流量。一旦视频流量费用降下来了，标志着我们获取信息以及社交的方式在未来会发生不可逆转的变化。这就是趋势。通过技术驱动力产生的不可逆转的需求，是真正的趋势，是持续的，能够被系统挖掘和分析的，能够产生真正机遇的。

学会通过驱动力挖掘衍生需求，找出属于自己的机会，才是在互联网时代每个普通人挖掘商业机会的最靠谱的方式。

第三节　行动方为指南针

听听他们的故事

你是否经常碰到一只袜子神秘失踪的事件呢？把另一只袜子也丢掉，这实在是太让人难过了。失踪的那只袜子就像孤儿一样躺在我们的衣橱里、床底下，而当我们终于找到它的时候，另一只袜子可能早被我们丢掉了。

一天，Jonah Staw 和他的几个朋友一起吃饭，聊起了"失踪的袜子"这个话题，他们聊得很开心。这时候其中一个人问道："如果有公司开始卖两只不搭配的袜子，这该有多疯狂？"说完所有人都停止了大笑，开始思考这个具有颠覆性的主意：为什么袜子一定要成对出售呢？如果销售的袜子是三只一组且各不相同，会怎样呢？

Jonah Staw 和他的好友们想做的是：解决一只袜子经常神秘失踪的问题；让单调乏味的袜子更时尚一点；让年轻人可以通过混搭自由地表达自己；让女孩们想穿多久就穿多久。

他们把处于青少年期的女孩子确定为目标客户，因为他们发现：青少年期的女孩子自认为处于孩子与成人之间，她们认为自己的思想复杂、足够成熟，却又喜欢做孩子的感觉。他们意识到市场上有童袜和成人袜，却没有处于两者中间的袜子。要么太过"性感"，要么太过"幼稚"，而穿上不成对的袜子，光是听起来就很有乐趣，既符合这个年龄段的特征，又可以让女孩自由表达自我。

后来他们把这一想法转化为行动，创立了一家专门出售不成对的袜子的公司——Little Miss Matched。他们出售的袜子都是奇数包装，3只或者7只一套。通过错搭，买袜子的能量被激发出来，凑齐一套134只袜子，就能产生8911种搭配。Little Miss Matched 的每只袜子设计都采用经典图案，有四个系列：传统系列、惊艳系列、前卫系列和幽默系列。

袜子生产出来后，受到了所有年龄层的女性的欢迎，不仅吸引了小公主，还吸引了老奶奶。所有的女性都有"女孩情结"，都希望当小女孩，和女儿、孙女一起穿也是一种奇妙的感觉。

原来如此

这个故事给了我们什么启示呢？

哪怕是看上去不显眼或者看上去稍显单调的事物，只要我们对它多加关注，也可以发掘新的价值。有时一成不变的传统行业，更容易找到创新的突破口，也更容易找到商机。有时候做一些颠覆性的假设，会有意想不到的收获。

管理大师德鲁克说，对企业来讲，要么创新，要么死亡。我们人类社会就是一部创新的历史，就是一部创造性思维实践、创造力发挥的历史。

当今世界科技竞争日益激烈，知识经济初见端倪。知识经济的基础是创新，创新的基础是创新思维。创新思维方式与非创新思维方式相比，具有以下基本特征：思维方式的求异性、思维状态的主动性、思维结构

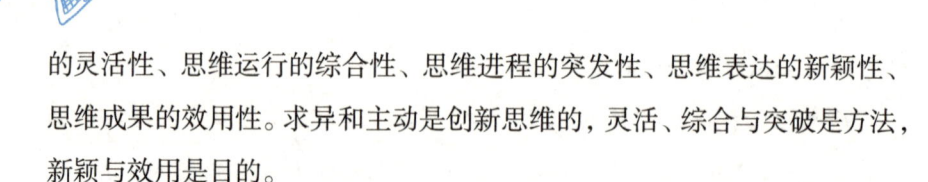

的灵活性、思维运行的综合性、思维进程的突发性、思维表达的新颖性、思维成果的效用性。求异和主动是创新思维的，灵活、综合与突破是方法，新颖与效用是目的。

创新思维要切忌浮躁心态和侥幸心理，一分耕耘，一分收获。要有坐冷板凳的精神与耐得住寂寞的心境，尤其是在市场经济的大潮中，要顶得住市场经济的负面影响，顶得住功利主义的驱使和诱惑。创新意识不能只凭着激情单纯地幻想，它来不得半点草率、浮躁和虚伪。而兴趣是创新的动力，创新需要思考者对他所思考的对象有强烈兴趣。兴趣是人们对特定对象或某种事物的一种心理倾向，是人们在探索和认识某种事物的活动中产生的一种乐趣。这种乐趣能使人们得到极大的满足，从而促使人们的注意力高度集中，甚至达到忘我的程度。

创新需要有顽强的意志力。如果我们对思维的对象有兴趣，但缺乏意志力，那也不能把自己的注意力集中在思维对象上，要想创新是很困难的。因为创新是一种极其艰辛的劳作，没有顽强的意志力什么事情也做不成。意志力可以克服所遇到的种种困难，使人具有良好的、积极的心态，克服诸如自卑、自我退缩、没有目标以及狂妄自傲等消极心态。良好的、积极的心态能使人们进入一种进取状态，全身焕发出活力，心智敏锐，从而激发出创造力。

创新是对传统的辩证否定。离开传统，创新便失去了根基；固守传统，只能是简单的模仿。传统意识中具有进步的因素，各个民族有许多优良的传统被继承下来，这是创新的基础。当然，传统意识当中也有一部分落后意识，阻碍创新思维和个性的形成。

知识传送门

创新思维的重要性不言而喻，那我们该怎样培养创新思维呢？

在"互联网+"背景下，青少年的创新思维可以从以下几个方面来培养：

1. 个人方面

①多平台实践。在"互联网+"背景下，青少年可以通过一些手机软件或者微信公众平台参与到学校组织的各类创新实践活动之中，并在活动的过程中得到快乐，提高自身的能力。还可以通过学校的网络平台参与到科研项目中，培养动手能力和思维能力，从而促进创新思维的培养。

②巧妙运用网络。"互联网+"背景下的青少年应该勤于实践观察，树立创新意识。在信息化时代，青少年需要充分利用自己手中的网络资源选取一些个人感兴趣的课程进行自主学习，从中获得创新思维的方法。多元化的知识对于思维的发散能够带来很大的帮助。

③批判性学习，坚持动脑与动手并重。批判不是乱怀疑，有根有据、有分析有推理的怀疑才是批判。敢于对书本和权威说不，敢于有想法。增强问题意识，在课堂听讲和读书学习中，注意发现问题，提出问题。

④展开"幻想"的翅膀。青年人爱幻想，要珍惜自己的这一宝贵财富。幻想是构成创造性想象的准备阶段，今天还在你幻想中的东西，明天就可能出现在你创造性的构思中。

⑤培养发散思维。所谓发散思维，是指倘若一个问题可能有多种答案，那就以这个问题为中心，思考的方向往外散发，找出适当的答案，越多越好，而不是只找一个正确的答案。人在这种思维中，可左冲右突，

在所适合的各种答案中充分表现出思维的创造性。

⑥培养强烈的求知欲。古希腊哲学家柏拉图和亚里士多德都说过，哲学的起源乃是人类对自然界和人类自己所有存在的惊奇。他们认为，积极的创造性思维往往是在人们感到惊奇，在情感上燃烧起对这个问题追根究底的强烈探索兴趣时开始的。因此，要激发自己创造性学习的欲望，首先就必须使自己具有强烈的求知欲。青年人的求知欲最强，一个人只有在对学习的心理状态处于跃跃欲试阶段的时候，才能使学习过程变成一个积极主动、上下求索的过程。

2. 学校方面

①体制改革。在我国步入建设创新型国家的关键时期，结合"互联网+"的背景，学校能够有效进行创新思维教育，使创新思维人才比例提高，提倡和鼓励青少年多运用互联网、大数据等工具来进行创新，是非常有价值的。因此，我国学校在促进和培养学生创新思维方面需要进行改革，进一步推动教育体制的创新。

②途径多样化。学校可以结合实际情况开展"挑战杯"等科技比赛，激发出同学们的创作热情，在老师的帮助下得到训练。鼓励学生积极进行社会实践活动，进行心得交流，让大家畅所欲言。

我们还要避开创新思维的障碍。首先是思维定式。思维定式是怎么产生的呢？一个是权威，一个是从众，还有一个是思维惯性。权威说过了，我们就没法说了。还有从众心理，就是个体盲目地顺应群体，顺应了先验。关于思维惯性，这里有个案例，叫作避免霍布森选择。300多年前英国伦敦的郊区有一个人叫霍布森。他养了很多马，高马、矮马、肥马、瘦马都有。他对来的人说，你们挑我的马吧，可以选大的、小的、肥的、瘦的，可以租，可以买。人家非常高兴地去选，但是马圈只有个很小的门，选大的马出不来。西蒙就把这种现象叫作霍布森选择。你的思维、你的境界只有这么大，没有打开。

要对新技术保持敏感。对新技术保持敏感，意味着要对新近出现的技术保持一种谦逊的心态，经常想一想，这些新技术能否应用在一个相关的领域去解决一个旧有的或新出现的问题。仅仅想还不够，你需要打开电脑或手机，把你的想法记下来。如果没有对新技术的偏好以及时刻保持的敏感，我们很难靠一时心血来潮、灵感乍现来把握这些技术的发展趋势，并进行创新思维的扩散、再造与利用。

创新来源于混搭。举个例子：Twitter = 心情 + 博客的混搭，iPad = 手机 + 电脑的混搭。从这些例子来看，混搭式的创新一定程度上并不依赖于全新的基础技术，实际上，它更注重的是如何借助现有的技术条件，综合产品功能、形态、场景因素，创造出新的应用。

创新从层级上可粗略分为基础创新和应用创新。

基础创新（比如苹果的触控技术、高通的通信技术）依赖于大量资金持续投入，进行详细规划和周密协作，风险和收益都很高，而一旦成功则能形成垄断优势。

应用创新（比如微信的摇一摇、发红包等）依赖于灵活的思维和创意。通过将应用稍加改进就有可能解决一些旧有的问题，而且解决的成本较低，风险也较低。

当下既是信息时代的商业创新阶段，也是智能时代的技术创新阶段。对于智能时代的技术创新，尽管人工智能技术还非常不成熟，很难成长为独当一面的大公司，但目前有很多投资机构在大力宣扬和投资人工智能技术，他们试图抓住这个机会。在投资中需要充分调动新技术的想象力，及时把握新技术的高估值机会，造势和时机非常重要。

信息时代的商业创新，就是利用信息技术，更好地实现生产和消费。因此，我们构建的新经济版图有两个维度：横轴从左到右分别是"生产活动"和"消费活动"，纵轴从上到下分别是"组织者"和"要素提供者"。这两个维度将新经济版图分为四个象限，分别是"生产活动组织者""生产活动要素提供者""消费活动组织者""消费活动要素提供者"。

对于一个国家、一个民族来说，创新思维是最可宝贵的，它是社会活力的源泉。正确理解创新思维的哲学内涵，是全国人民敢于创新、善于创新的重要因素。

第七章 抓住机遇迎挑战

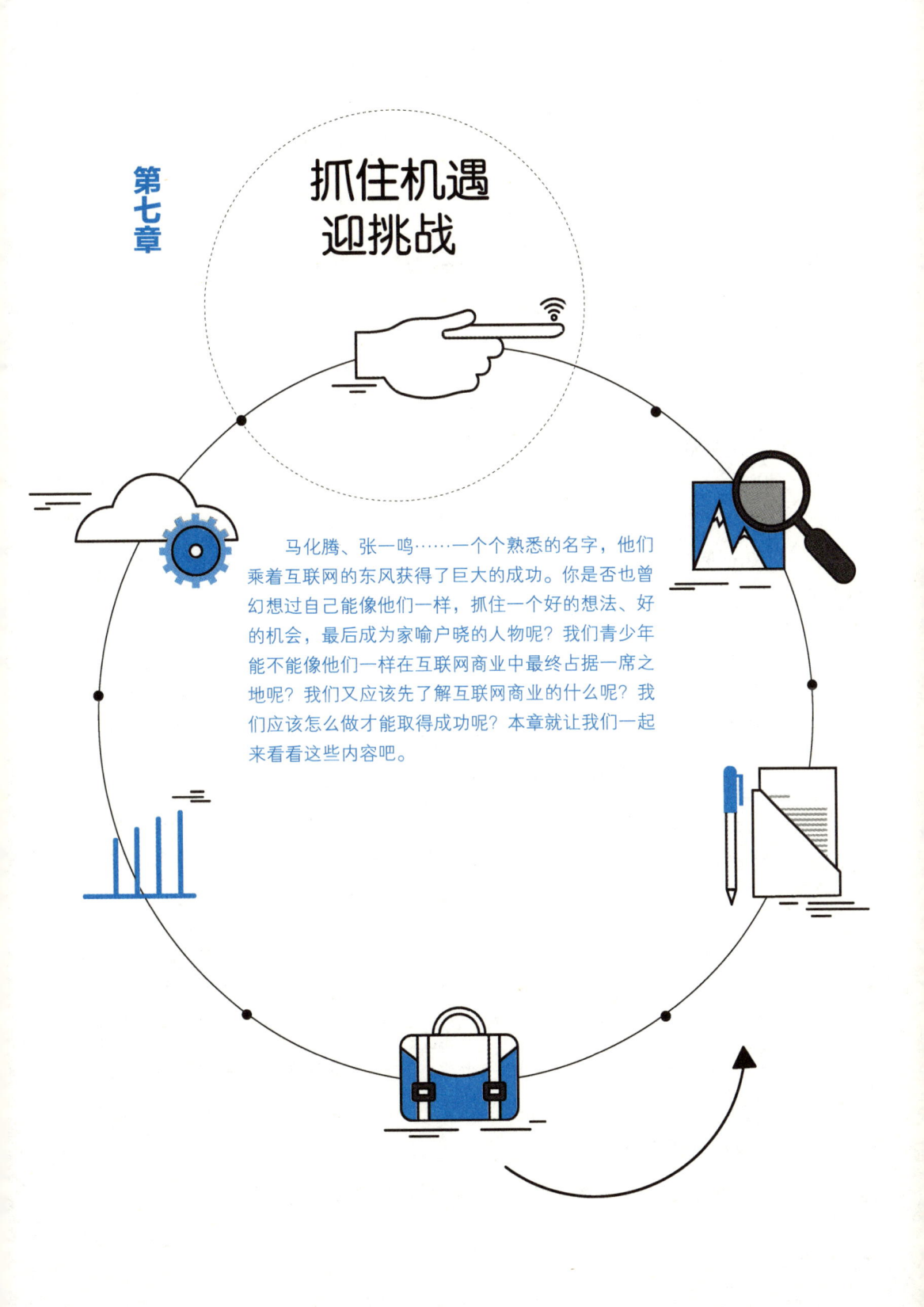

马化腾、张一鸣……一个个熟悉的名字,他们乘着互联网的东风获得了巨大的成功。你是否也曾幻想过自己能像他们一样,抓住一个好的想法、好的机会,最后成为家喻户晓的人物呢?我们青少年能不能像他们一样在互联网商业中最终占据一席之地呢?我们又应该先了解互联网商业的什么呢?我们应该怎么做才能取得成功呢?本章就让我们一起来看看这些内容吧。

第一节 网络安全学问知多少

听听他们的故事

作为一名全职妈妈，27岁的李某也想通过自己的努力赚够奶粉钱。2016年5月，李某在微信朋友圈看见销售九折手机话费充值卡的广告，她嗅到了商机，一次批发多张电话卡还能更优惠。

于是她向上家购买了30张百元话费充值卡准备转卖赚差价。结果收货后李某发现，充值卡并不是正规的电话充值卡，而是价格低廉的网络电话充值卡。这种卡不仅无法给手机充值，还只能下载软件用流量拨打网络电话，形同鸡肋，无法使用。

此时李某察觉被骗，找对方理论，对方把李某拉入一个以微商为名、诈骗为实的微信群，群主负责教授群成员"赚钱的门路"。原来，这是一个简单的诈骗套路，群成员都可称为代理商。

代理商根据对应的级别需要支付相应的加盟费，初级加盟费为500元，中级为800元，高级为1300元，特级为1800元。代理的级别越高，收到的电话充值卡优惠幅度越大。群主负责给被招募的代理商发货。由于网络充值卡成本低，一般10元一张，利润非常可观。李某想到自己被骗的钱拿不回来，孩子的奶粉钱也没有着落，因此决定不报警，参与这个卖网络充值卡的生意。

李某依葫芦画瓢，也在微信朋友圈发销售手机话费充值卡的广告，假装在销售正规的移动、联通、电信公司充值卡，比市面上价格便宜，同时在朋友圈打广告招代理。

令李某惊喜的是，这样简单的路数竟然"生意"异常火爆，好几个人找其购买手机充值卡。在有客户付钱后，李某把网络充值卡发给对方，对方发现被骗后找李某，李某就教其以相同的套路去骗别人，不愿意的就直接拉黑。短短几天，李某通过这种方式净赚1万多元。

此时，尝到甜头的李某不断用微商励志故事麻醉自己，为自己的诈骗行为打上"微商创业"的幌子。为了实现全职妈妈向创业女强人转型，李某决定自己组建一个微信群单干。李某以群主的身份再度拉拢、发展代理，从上家以2元一张的价格购买网络充值卡，并负责发货；指派两人负责给群里人讲课，教群里人怎么用网络充值卡骗钱。

为了扩大业务量，李某又想出做手工笔、编手串等方式骗钱，也是在微信上发图片做广告，内容是"手工笔代理加工"等等，想要在家做点工作赚钱的人需要向李某等人支付押金，交的押金越多赚取的加工费越多，下家再发展的下家还要支付提成给李某。不管对方买多少货，李某只发少量的手工笔，真实目的就是为了骗取对方的押金，从来不会回收加工好的手工笔。

2018年4月至5月，李某伙同刘某、周某发展代理20余人，诈骗得款10余万元。

王某是张家港的一名微商，不幸落入了李某设下的购买网络充值卡陷阱。王某发现被骗后立即报警，民警通过微信账号研判等工作，揭开了这一骗局。最终，民警抓获李某及其下线共20余人。

原来如此

互联网上的信息众多，质量参差不齐，充满机会的同时也存在诱人的陷阱。这就需要我们擦亮双眼，仔细辨别。李某赚奶粉钱的出发点是好的，但是在意识到被骗后，她没有选择报警而是同流合污，最后得不偿失。我们在使用互联网进行商业活动时，一定不要让自己成为受骗者，也不要让自己成为施骗者。那么，有哪些规则是我们进行互联网商业活动时一定要了解的呢？

知识传送门

随着互联网技术的不断成熟，各种网络商业平台不断推出，越来越多的青少年选择网络购物、网络聊天、网络交友以及网络教育。网络不仅给青少年提供了创新的交流载体，也为商业营销与交易提供了新渠道。这种交易的互动，注定了互联网将成为青少年展示个人才华的重要平台。

中国是一个法治国家，生活在法治国家，任何的个人行为与商业行为都会有相应的法律要求、道德准则、行为规范。参与商业要合法、合理，更要合人心。

韦伯说："一个新型企业家只有性格异常坚强，才能避免丧失忍耐自制，避免道德上经济上的败落。而且除了远见卓识和活动能力之外，还要有非常鲜明和高度发达的伦理素质，他才能博得绝对不可缺少的顾客和工人对他的信任。"在鼓励青年进行电子商务创业的同时，也要注重培养青年的商业素质，这样的新型企业家才有可能在将来更为激烈的竞争中占据一席之地。由此可见，伦理价值的构建对于新商业的长远发展是必不可少的。

当然，参与新商业是建立在互联网的基础之上的，同时也离不开法律条文的管理与约束。

我国一直在不断推进对于电子商务的监管立法，网购用户、电子商

务企业、产品与服务提供者等均被纳入监管范围。但是现实情况却是我国网购市场还未走出鱼龙混杂的野蛮生长时期，各种网购不正当竞争、信用体系缺失、假货猖獗的现象还有继续演进的趋势。

韦伯认为合理的法律结构和行政管理结构的重要性是毋庸置疑的。科斯定律从游戏规则上要求以制度安排降低交易成本，从哲学的层面则是道德的制度设计才是有效率的制度设计，即不能仅仅以财富的数量作为衡量标准，而是要将促进人与人的合作作为制度设计的价值取向。

钱穆先生认为："制度由人创立，亦由人改订。"我们的权利受保护，我们也需要履行我们相应的义务。在合理、合法又合人心的框架下，我们才能取得新商业的成功。

第二节　课堂内外我参与

听听 他们的故事

2019年6月一台5G手机在北京邮电大学西土城校区测速的视频，给我们展示了5G在日常生活中的使用体验。短短一两天，视频评论过万，转发量达到十几万，关注量也破百万。一个1999年出生的同学，北京邮电大学通信工程与管理专业大二学生，B站数码区视频上传者，在那段时间内风光无限。他就是何同学。

何同学的创意视频让OPPO副总裁抛来橄榄枝，让华为的大佬在学校论坛公开联系何同学，让小米的人也在朋友圈透露了聊一聊的意向，让微博大V们纷纷转发，让《人民日报》等各大媒体争相报道，甚至上了中央电视台，真的可以说一时间火遍全网。

原来 如此

何同学凭借自己的创意，借着互联网的东风，成为全网颇具影响力的视频上传者之一。同时，何同学也并没有放弃自己的学业，他的视频推迟更新的主要原因之一也是期末考试。由此可见，学业与商业并不冲突，重要的是怎样去平衡学业与商业，怎样从课堂内外挖掘商机。从采访中我们知道，他从初中起就开始对制作视频有了兴趣，自己在课下也不断学习制作视频的技巧，为了拍视频，甚至将自己的房间全部用黑纸贴住。何同学的视频内容总是能推陈出新，这也是为什么他能得到许多人喜爱的原因。同样身为学生的我们，可不可以从何同学身上学习到一些有用的知识呢？

1. 课堂内外怎么做

在校创业时获利百万，目前公司估值上亿，其团队运作的微信界面访客量已突破 5 亿……这些标签都属于满欣网络科技有限公司 CEO 刘欣。更令人称奇的是，刘欣生于 1991 年，从苏州工业园区服务外包职业学院毕业还不满两年，互联网创业界称他为"低调的'90 后'大神"。

在一个小区三室一厅的房子里，有六个年轻人，一个小微公司，大家吃住都在一起，在仅仅半年的时间里，竟然达到了每月收入超过 100 万元的创业神话。有一款手游叫《幻想精灵》，就是这个六人团队做成的，一时间红遍手游界。

不管是何同学、刘欣，还是六个年轻人，都是青少年参与新商业的成功案例。那么，青少年如何在课堂内外参与新商业呢？青少年如何在课堂学习中为自己参与新商业奠定良好基础，又如何在课堂外积极锻炼自我，成功参与新商业呢？

首先，在课堂上学好科学文化知识是必要的，这对青少年未来人生的奠基是必须的。人生观与价值观的培养，对世界与时代的宏观认识，对经济发展趋势与时机的正确把握，都需要青少年一点点地去了解与掌握。除了课堂知识的学习，课外还可以购买相关书籍，阅读经典，吸取

前人参与新商业的经验教训，避免犯同样的错误。

对于青少年而言，这是了解新商业、培养对新商业的兴趣、参与新商业的过程，即态度确立，再付诸行动，以此实现自我成长，成就自我。

其次，在课堂外青少年要积极关注互联网新经济的发展，还要参加一些网络设计大赛，参加课外项目培训，例如"未来商业领袖青少年培训项目"等。通过课外项目与培训的拓展，青少年会更加深入地了解并投入到新商业中。

最后，除了课堂内外的学习与拓展外，还需要一些创新意识、财商培养以及玩商训练等。

2. 玩耍与新商业

创新已成为我国经济发展的新驱动力。创新意识需要从小培养。培养青少年创新意识，应当重视玩商（Leisure Quotient，简称LQ）的培育。即玩乐商数，也叫休闲商，它用来描述个体是否善于休闲、善于生活，可以反映出一个人健康玩乐的素质与能力，表达形式与智商（IQ）、情商（EQ）、逆商（AQ）相似。休闲学、人本主义理论、积极心理学都为玩商提供了强大的理论支撑。）如今，在应试教育的影响下，玩耍渐渐被异化，青少年玩商状况整体来说不容乐观。培育青少年玩商，需要社会、学校、家庭三方各尽其责且有效联动，才能构建立体和谐、强大持久的创新教育场域，为我国发展储备创客型人才。

玩耍伴随着青少年的成长，他们在玩耍中获得技能、体验感情、学会合作、发展自我，从而一步步成长。玩耍结伴、群体玩耍能够促进个体社会性的健康发展。具体来说，在玩耍过程中，青少年的沟通能力会得到锻炼，并渐渐形成礼让、互助的意识，同时逐步学会管理自己的情绪，尤其是有效地控制、疏导负面情绪，增强自身心理调节能力。心理调节能力常因其内隐性、边缘性被忽视，然而它对青少年的成长至关重要。

玩耍是青少年的天性，是青少年对自然万物、大千世界以及深邃宇宙的探索和追问。对于青少年来说，玩耍的世界是一个灿烂无比的世界。在玩耍的世界里，他们的心性是原生态的，是最自由且最具有创造力的。

亚里士多德认为,科学的产生需要三个条件:惊异、闲暇和自由。贪玩的人需要这些,科学更需要这些贪玩的人。这里的"贪玩"是指专注的、投入的、酝酿灵感的玩耍活动。古往今来,有许多科学发明都是根源于这种玩耍时产生的灵感,并在进一步的思考中反复实践、逐步完善而得以问世的。这里的"贪玩"不是从小与电子游戏等亲密无间,长期与电子屏幕近距离接触会损伤视力,缺乏足够的运动量也会导致新陈代谢紊乱,进一步损害孩子的心智发展。长时间待在室内、阻碍儿童在户外玩耍、玩耍场地的减少以及电子产品的日益盛行,都会让孩子患上"自然缺失症",多接触大自然、多去玩耍才能保障孩子的健康成长。

  美国教育学家杜威强调"从做中学"。我国著名的教育家陈鹤琴告诫父母:"不要剥夺孩子游戏的权利,要让孩子有充分游戏的时间和空间。"培养"玩商",首先,要真正地、有意义地发挥少年宫等机构的作用,不仅为青少年提供萌生创造力的设施,也为青少年提供交流分享、智慧碰撞的合作空间,让创新的萌芽在全社会的呵护下茁壮成长。其次,还可以鼓励民间力量加入进来,因地制宜,发挥创意,针对青少年的年龄段与兴趣爱好,结合传统文化、地域文化的特点,筹办各类主题活动,如创意机械师、我的实验室、扎染小组等,并且持续关注和扶持这类活动。在尊重、鼓励青少年玩耍的社会背景下,在各类民间组织的相互合作、积极参与下,全民创新的土壤就能渐渐得以肥沃,逐步形成立体、和谐、有序的强大而持久的创新教育领域。

  玩商的培养有利于青少年财商的提高,对于青少年参与新商业有着

至关重要的作用，《穷爸爸富爸爸》第一次提出了财商的概念，通过书籍传播财商知识，引导青少年财商的培养。校园实训室通过大富翁、现金流游戏、马尼拉游戏等来传播财商教育，符合青少年特点，预热性强，不古板枯燥，潜移默化地培养了青少年的理财观和金钱观。在互联网飞速发展的今天，我们完全有条件可以借助互联网推广财商教育，借助多方面、多种方式来进行。

青少年可通过手机记账软件、理财知识APP或者微信公众平台、网络理财公开课、专业理财公司开发的财商教育项目等等来提高自己的财商水平。

学校可设置互联网金融与电子支付公开课，普及互联网商业、校园信贷、创新创业知识，建立并开放财商教育体验中心。一些院校以青少年创业孵化基地为依托，以互联网为媒介，开展丰富多彩的创业项目，比如青少年在线上通过淘宝店铺、微信店铺和独立APP的模式销售商品和服务；通过创客空间吸引有志青年加入，通过团队交流、教师指导，设立经营各自的店铺，呈现竞赛一般的创业格局，以此来锻炼青少年的创业能力，提高其财商；鼓励并支持青少年以线上销售线下展览体验的形式开发新型校园服务平台等等。

此外，青少年还需要走进实践，在寒暑假的时候，可以去一些互联网企业寻找一些实习机会，零距离走入新商业，零距离参与新商业。足够的创新来自足够的了解，所以获取理论后参与实践，再从实践中充实自己的认知，自己的新商业参与能力才能得以提高。

第三节　勇迎挑战我争先

听听他们的故事

拖延症在现代人当中普遍存在，而"00后"朱河存发现商机，在淘宝创业称霸同行。他不卖实体物品，他卖的是服务。他通过微信或QQ监督别人做事，帮助客户克服拖延症。在淘宝上购买朱河存的服务以后，客户需要自己做出一张任务实施监督表发给他，他的任务就是根据监督表来设置监督提醒。

在这个过程中，朱河存经常收到一些意想不到的监督要求。有人要求监督自己减肥，有人要求监督自己不和男朋友联系。客户的要求千奇百怪，但朱河存还是尽自己所能去满足。

近两年的时间里，服务过的1000余客人没有一个差评，也就是说，这1000余客人对朱河存这套克服拖延症的方法是认同的。朱河存每天睡得比别人少，坚决对客户负责，因此获得了一致好评。

原来如此

拖延症是现代人普遍存在的问题，你也可以回想一下自己是否也喜欢把当下要做的事不断往后推，并且不断安慰自己晚点做也没关系。克服拖延症需要极强的意志力，很多人因此失败。结合现代人克服拖延症的需求，朱河存利用淘宝找到了自己的致富之路。网络经济时代机会很多，关键在于个人是否足够敏锐，是否能够找到问题的突破点。当自己产生不错的符合需求的想法时，要敢于实践。我们该如何去做呢？

知识传送门

1. 网络经济时代

目前，尽管对人类是否已经结束工业经济时代，开始进入网络经济、信息经济或后工业经济时代，人们还存在严重的分歧，但是，网络技术的革命性进展，使各种网络形态的经济活动进一步渗透人们工作、学习、生活和交往的方方面面，甚至对目前人们认为是规范、正统的价值取向、思想观念和情感方式产生了巨大影响与冲击。经济全球化的趋势，使这些影响与冲击迅速扩散到世界的每一个角落。可以毫不夸张地说，网络经济给人类活动带来的变化是前所未有的、翻天覆地的，网络经济的发展对人类未来的影响将难以估量。

网络经济的兴起有多种深刻的原因，涉及技术、经济和社会等方方面面。从现代企业运行的角度来看，网络经济兴起的原因主要有三个方面。

第一，计算机和信息技术的革命性飞跃是网络经济发展的根本原因。计算机网络把互联和通信作为核心技术进行研究与开发，使"信息高速公路"的建设成为可能，为网络经济的兴起奠定了最根本的技术基础。

第二，电子商务的交易优势及其对经济增长的带动作用是网络经济发展的基本动力。以因特网为运行和技术支撑的电子商务，其突出的特点就在于增加贸易机会、降低交易成本、简化交易流程、提高交易效率。人们只需在因特网上点一下鼠标，就可以及时跟踪企业的货物在全国乃至全球的流动情况，商家可随时掌握所需存货的精确水平，避免了货物积压。

第三，网络经济的发展是在全球化进程中实现资源优化配置的客观需要。国家号召我们，要把工业化与信息化结合起来，以信息化带动工业化，发挥后发优势，实现生产力跨越式发展，特别强调了加快国民经济和社会信息化的战略性任务，要求政府行政管理、社会公共服务、企业生产经营要运用数字化、网络化技术，加快信息化步伐。这富于战略眼光的洞察力，为我们大力发展网络经济，利用网络化技术改造和重组企业指明了方向，确立了指导方针。我们要充分认识到，发展网络经济已不单纯是一个电子信息技术的运用或是商务模式的选择问题，而是我们适应和顺应国际潮流，在融入全球经济发展中不断增强竞争力的战略性选择。

互联网作为一种自由的、开放的、平等的和近乎免费的信息传输和双向沟通渠道，它突破了信息沟通的时空障碍和技术障碍，使得全球任何一个地方的任何一个企业或者个人，都可以平等自由地利用互联网与世界上任何地方的人或者企业进行沟通。互联网的这些基本特性，使得网络经济时代呈现出以下特点。

①知识性。网络作为信息沟通渠道，它是知识传播、交流的最快捷的"超导体"，它快速推动着我们所处的工业经济时代向着以知识为基础的网络知识经济时代迈进。在网络知识经济时代，企业竞争的重点不再是资本竞争、工业资源竞争，而是转向对人才、知识创新的竞争。知识作为一种特殊产品，它不再是稀缺的，它的使用不但不会减少知识产品，反而会增加知识产品。知识可以作为一种共享品，而且这种共享品通过消费和使用后还可以创造出更多知识产品。知识这一特性使得企业进行合作成为可能，而且可以实现双赢。

② 10倍速。互联网中蕴藏着巨大的商机，它可以帮助企业拓展新的

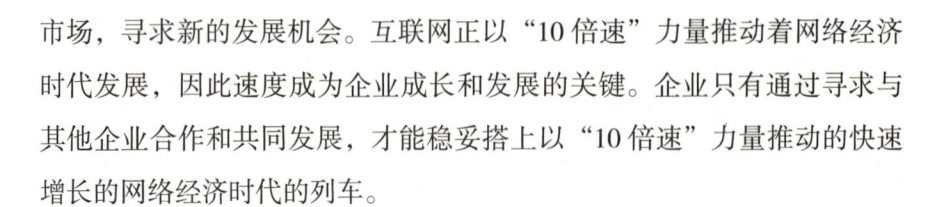

市场，寻求新的发展机会。互联网正以"10倍速"力量推动着网络经济时代发展，因此速度成为企业成长和发展的关键。企业只有通过寻求与其他企业合作和共同发展，才能稳妥搭上以"10倍速"力量推动的快速增长的网络经济时代的列车。

③平等性。互联网的快速增长和涌现出的新机遇、新市场，改变着传统企业的力量强弱对比。一些传统企业在网络时代将自动丧失优势，一些新兴小企业凭借网络得以快速成长，而且以巨大力量破坏着传统的市场结构。在网络经济时代，企业无论大小都可以在快速增长的网络经济中把握机遇，寻求发展，因此一些有传统优势的大企业如果想在网络经济时代寻求快速发展，与一些小企业进行合作是理智的选择。

④虚拟性。由于互联网可以跨越时空进行信息沟通，因此企业可以降低成本，凭借互联网实现虚拟运作，将一些自己不擅长或者不经济的功能进行外包，从而集中力量发挥自己的核心优势，最大限度地树立起企业在市场中的竞争优势。企业虚拟运作必须寻求一些关系紧密的合作伙伴，并与它们建立协作关系。

作为互联网新商业中的一种，电子商务广义上指使用各种电子工具从事商务的活动，狭义上指利用因特网从事商务的活动。电子商务是依托于互联网技术而发展起来的新兴产业，在全球范围的商业贸易活动中，依托因特网开放的网络环境，基于浏览器或服务器应用方式，买卖双方不谋面地进行各种商贸活动，实现消费者的网上购物、商户之间的网上交易和在线电子支付以及各种商务活动、交易活动、金融活动和相关的综合服务活动的一种新型商业运营模式。这种由互联网和移动通信而引发的为使向人类供应物质商品的组织合理化而进行的劳动，对于青少年而言是一个更为便利、灵活的创业空间。

互联网的技术特性使人们特别是青少年可以脱离福特式生产方式而进入灵活积累时代。电子商务第一次让营销的认知、认识、认同、认购的全过程在虚拟空间以非常个性化的形式进行，其生产者、经销者、消费者的身份界线可以随时转换和多重组合，因此，电子商务赋予我们低成本的创业及消费魅力，青少年也由此成为电子商务的主要参与和推动力量。

然而现在存在的问题是，我国电子商务是在市场资源配置中起基础性作用和待完善的"问题倒逼改革"的过程中快速形成的。虽然电子商务为青少年提供了低成本创业的发展空间和技术平台，但是青少年在当前的资源配置和体制保障中占有较少的份额，社会的现实又对不同的群体成员制定了不同的道德要求和行为规则，这也可以理解为社会还缺乏为青少年追求个人利益提供更有效的精神资源和机制保障。

我们必须正视个人创造财富的方式及其将要承受的越来越大的压力。青少年基本不能依靠权力和社会影响来实现自己的利益需求，他们更多地寄希望于唤起社会对其个体权利的承认与关注。那么，基于我们对青年电子商务创业范式选择的思考，既不能教条地要求青少年创业者简单地凭借自身的伦理道德"立业"，也不能坐视其制度安排有待完善而随"潜规则"而行。应当看到的是，市场经济的主流趋势催生了电子商务，而电子商务的技术特征又进一步推动完善市场在资源配置中起到的基础性作用，即以更为公开公正和快捷的信息传递，彻底摧毁操纵市场和垄断市场的各种"潜规则"。青少年只要成为电子商务的参与者（包括经营行为和消费行为），就会在其中接受市场经济的训练和考验。

近年来，国家特别加强了对创业活动的扶持力度，例如为促进小微企业的发展，制定大量的诸如税收、信贷方面的优惠政策予以保障；为了更好地指导青少年创业，团中央、全国青联共同发起了旨在为中国青年创业提供网络、资金、技术支持的国际合作项目"青年创业国际计划"。特别是最近几年来，伴随互联网的迅猛发展，越来越多的地方政府出台大量鼓励和扶持政策，为电子商务和网络创业的腾飞保驾护航。

一项调查研究发现个人社会网络结构中，网络规模、网络密度以及社会网络关系强度会影响网络创业绩效，而创业者是否有创业经历并不会对绩效产生影响。网络创业者的资源获取能力和创业意愿会影响创业绩效。因此，网络创业者若想获得好的创业绩效，需要做好充分的创业前准备，例如要确保自己能够通过多渠道获得财物和人力资源、要确保自己资源的独有性、需制订详细的创业计划等等。现阶段国内中小企业电子商务水平较低，创业者若拥有较高的电子商务水平，则更易实现好的绩效。

2. 激流勇进

面对这样的新商业时代，青少年又该如何做呢？

青少年应树立全新的从业观念，国际互联网对现代社会的影响深刻而广泛，社会生活的所有领域都会直接或间接地发生变迁。面对日新月异的国际互联网，青少年要有一种时代的紧迫感，勇于面对和迎接国际互联网的挑战。对此，应展开多层次多角度的理论探讨，提出我们的对策和建议，趋利避害，为我所用。网络经济时代正在改变着青少年的从业观念和从业行为。"守土有责、出击有力、引导有方、扩势有章"应成为青年牢固树立的正确的职业道德观。在从业需求上，网络媒体对信息的要求越来越高，突出表现为信息的"快、广、深、透"；在从业工作环境上，从业人员将面临更快的节奏、更多的变化、更高的工作强度和质量；在从业者的操作手段上，信息采编的手段的多样性、先进性，需要从业人员具有较全面的个体素质。

因此，青年要树立全新的"从业观念"。

①确立学习的观念。网络经济时代，知识更新的速度已达到了爆炸的程度，知识的快速更新要求我们不断学习。

②确立服务观念。"以人为本"应始终是我们的从业准则，国际互联网内容与形式的广泛性和可选择性，要求我们一切服务均以受众需求为转移。如果没有

受众，再好的网络媒体也是无对象性的，"以正确的舆论引导人"也将成为一句空话。

③确立市场观念。互联网媒体是一种充分利用市场运作和与市场共生共荣的新型媒体。

④确立创新观念。网络媒体的生命力在于创新。

青年要发展自己的网络相关能力和素质，应着重以下基本技能的培养。

①交流与沟通技能。国际互联网将整个世界连成了一体，每一个人不可能自我封闭地存在，因此，具备与人交流和沟通的能力及技巧是网络操作的基础。最基本的网络交流手段是电子邮件，通过电子邮件与他人通信是一种最便利、直接和廉价的交流手段。其他还有聊天室或网上公告以及网络新闻组等网络技术手段来与他人进行实时交互或延时的信息发送与反馈。

②浏览与查询技能。网上信息资源不仅丰富多彩更是浩瀚如云，无边无际，因此，查找网上信息的最有效的途径就是应学会使用搜索引擎并具备相关的查询技巧。这是提高网络使用效率的前提条件。

③信息发布与网络参与技能。对网络资源的利用重点应提倡积极主动地参与，使之成为一种主动参与的、交互式的学习过程。一方面你可以在网上调用、阅读、收集、下载他人发布的信息与资料，另一方面你也可以在网上展现自己，为别人提供有用的信息和资料。这是实现网络资源共享的最基本形式。另外，青年工作者要发展自己的网络相关能力和素质除了应认真研读国家近年来颁布的计算机网络相关法律、法令、条例及规定外，还应该高度关注由于国家互联网兴起和应用所产生的一系列社会性问题，如网络道德与网络人际关系问题；网络自由与个人秘密及隐私保护权问题；信息垃圾与网络病毒、黄毒及犯罪问题；网络知识产权保护问题等等。

作为当代青少年，我们要客观分析时代情景，树立"勇迎挑战我争先"的意识，更要明白这种意识树立的必要性。要看到机遇与挑战并存，只有敢为前，勇为前，眼界放远，又立足当下，才能抓住时机，步步前行，最终在互联网新商业中打造只属于自己的一片天地。

后 记

互联网是青少年的天下，互联网时代是青少年创业创富的时代！

近年来，中国网民规模呈持续快速发展的趋势，已跃居世界第一位。2020年9月，中国互联网络信息中心（CNNIC）发布第46次《中国互联网络发展状况统计报告》，截至2020年6月，我国互联网普及率为67%，网民规模达9.4亿，其中10～19岁、20～29岁网民占比分别为14.8%和19.9%。互联网时代，网络的影响无处不在，青少年群体对网络的依赖程度越来越高，互联网已成为青少年日常生活的重要组成部分，并不同程度地影响其思想、情感和行为。在这种大环境下，互联网作为人与人之间相互交流的便捷工具，不仅为青少年提供了更高效、资源更丰富的信息交流平台，也为青少年创新创业提供了潜在的、商机无限的成功平台。

在网络时代，加强青少年互联网经济素养，培养其健康、积极的创新创业意识，不仅有助于他们了解新商业运行的方式，也为其正确理解新经济、参与新经济、融入新经济奠定牢固的互联网商业素养的根基。鉴于此，我们组织相关人员编写了这本《互联网创新创业：我的创富梦》。

本书的成功出版得益于写作团体的共同努力和辛勤付出,在此表示感谢。刘晓雨、李秋华、聂琳力、毛忆晨、董贝贝、杨简绿参与了初稿的撰写;丁乙、谢如月、李佳仪、郝雨、杨艺琳、龚映雪和宫俊如对初稿进行了详尽完善和修改,最后由我和李敏老师统稿、定稿。西南师范大学出版社雷刚编辑提供了很多帮助和修改建议,一并表示衷心感谢。

吕厚超

2020 年 12 月 20 日

于西南大学 中国社区心理学服务与研究中心